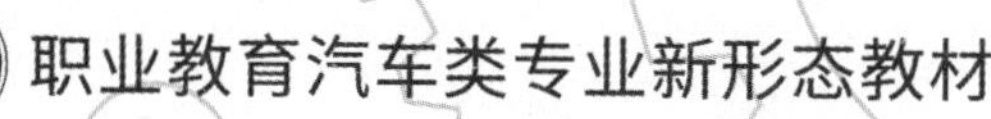

QICHE JIANCE YU WEIHU

汽车检测与维护

主　编　张志强　陈　彬　谢云峰
副主编　黄成松　聂坤宇　王代彬　孔德军　杨帮明　邱治泽
　　　　胡华平
参　编　刘福友　肖　洪　靖开泉　蒋文韬　陈　镇　程洪良
　　　　达贵纯　肖　茂　夏余斌　彭　荣　李中彬　向梦竹
　　　　王　超
主　审　黄泽好　黄钧浩

内容简介

汽车行驶一定里程后，其性能会发生变化，为了保证汽车的各项性能运行良好，使汽车能正常行驶，有必要对汽车进行相应的检测，并根据检测结果对汽车各系统和部件进行相应的维护。本书以汽车的检测性维护为导向，按照汽车维修企业的实际工作任务，系统性阐述汽车检测性维护的相关知识，突出相关项目的可操作性，强化对学生实践能力的培养。本书内容紧密结合岗位需求，以就业为导向，以技能为核心，以科学、实用为原则，涵盖了汽车检测维护的基础知识、发动机检测维护、底盘检测维护、电气系统检测维护和车身检测维护等内容。

图书在版编目(CIP)数据

汽车检测与维护 / 张志强，陈彬，谢云峰主编.--重庆：重庆大学出版社，2020.11

职业教育汽车类专业新形态教材

ISBN 978-7-5689-2250-0

Ⅰ.①汽… Ⅱ.①张… ②陈… ③谢… Ⅲ.①汽车—故障检测—中等专业学校—教材②汽车—车辆修理—中等专业学校—教材 Ⅳ.①U472

中国版本图书馆 CIP 数据核字(2020)第 191973 号

职业教育汽车类专业新形态教材

汽车检测与维护

主 编 张志强 陈 彬 谢云峰

副主编 黄成松 聂坤宇 王代彬 孔德军

杨帮明 邱治泽 胡华平

策划编辑：陈一柳

责任编辑：陈一柳 版式设计：陈一柳

责任校对：邹 忌 责任印制：赵 晟

*

重庆大学出版社出版发行

出版人：饶帮华

社址：重庆市沙坪坝区大学城西路 21 号

邮编：401331

电话：(023) 88617190 88617185(中小学)

传真：(023) 88617186 88617166

网址：http://www.cqup.com.cn

邮箱：fxk@ cqup.com.cn（营销中心）

全国新华书店经销

重庆五洲海斯特印务有限公司印刷

*

开本：787mm×1092mm 1/16 印张：8.5 字数：197千

2020 年 11 月第 1 版 2020 年 11 月第 1 次印刷

印数：1—3 000

ISBN 978-7-5689-2250-0 定价：43.00 元

本书如有印刷、装订等质量问题，本社负责调换

版权所有，请勿擅自翻印和用本书

制作各类出版物及配套用书，违者必究

PREFACE 前　言

我国汽车工业发展迅猛，连续多年汽车产销都居世界第一。汽车工业的发展对汽车专业人才的培养提出了更高的要求，特别是汽车技术的不断更新，对汽车检测与维护也提出了更高的要求。本书是根据汽车检测与维护的特点、发展趋势及职业教育的特点，在汽车维修行业、企业专家和课程开发专家的精心指导下，结合汽车维修企业生产岗位工作的能力需求编写而成的，本书具有以下特色：

第一，按工作过程导向编写。编写团队认真总结了企业的职业岗位需求，吸收了先进的职教理念，采用了工作过程导向的形式编写了此书，目的是在以学生为主体的学习环境中，有明确的预期目标和能够达到的效果，从而具备解决问题的能力。

第二，配有高清的图片。任务的每一个操作步骤都配有高清的图片进行说明，提高可操作性。

第三，本书采取将汽车检测与维护内容相结合的方式进行编写。汽车在维护前或维护过程中对相关总成或零部件进行检测与诊断，以判断相关零部件的技术状况，是否可以继续使用或者需要进行相应的维护保养。汽车检测性维护的目的在于防止应该维护而没有维护，从而造成汽车相关零部件和总成的早期损伤，缩短汽车的综合使用寿命或降低汽车的使用性能而形成相应的安全隐患。汽车维护可以避免周期性维护中有些零部件或润滑油等没有超过使用寿命而提前更换所造成的浪费，从而减轻使用者的负担，同时减少资源消耗有利于创建节约性社会。

本书由重庆市九龙坡职业教育中心：张志强、谢云峰、胡华平、程洪良、达贵纯、肖茂、夏余斌、彭荣、李中彬、向梦竹，重庆市巴南职业教育中心：陈彬、王代彬，重庆市渝北职业教育中心：黄成松，重庆市永川职业教育中心：孔德军，重庆市涪陵职业教育中心：杨帮明，重庆市铜梁职业教育中心：邱治泽，重庆市工商学校：聂坤宇、蒋文韬，重庆市北碚职教中心：陈镇、靖开泉，重庆市南川隆化职业中学校：王超，重庆市荣昌区职业教育中心：肖洪，重庆市涪陵第一职业中学校：刘福友等同志参与编写。全书由张志强、陈彬、谢云峰任主编；黄成松、聂坤宇、王代彬、孔德军、杨帮明、邱治泽、胡华平任副主编；刘福友、肖洪、、靖开泉、蒋文韬、陈镇、程洪良、达贵纯、肖茂、夏余斌、彭荣、李中彬、向梦竹、王超等参编。具体分工如下：靖开泉、蒋文韬、陈镇、刘福友、肖洪编写项目一，张志强、黄成松编写项目二，陈彬、王代彬、聂坤宇编写项目三，谢云峰、胡华平、程洪良、达贵纯、肖茂、夏余斌、王超编写项目四，孔德军、杨帮明、邱治泽、彭荣，李中彬、向梦竹编写项目五。全书礼请重庆理工大学车辆工程学院黄泽好教授，重庆市九龙坡职业教育中心黄钧浩老师主审。

本书在编写的过程中参考了各种资料，在此表示衷心感谢。由于编写水平有限，而且汽车检测与维护涉及领域很广，书中难免有纰漏之处，敬请广大读者给予批评指正！

编　者

2020 年 5 月

CONTENTS 目录

项目五　汽车车身维护

项目一 | 汽车维护基础

汽车检测性维护是指汽车在维护前或维护过程中对相关总成或零部件进行检测与诊断,以判断相关零部件的技术状况,是否可以继续使用或者需要进行相应的维护保养。汽车在行驶到一定里程或时间后,应对汽车进行相应的维护,以恢复汽车的技术状况,保证汽车的各项性能处于良好状况。汽车在维护时应对作业对象进行相应的检测以防止应该维护而没有维护,从而造成汽车相关零部件和总成的早期损伤,以缩短汽车的综合使用寿命或降低汽车的使用性能和形成相应的安全隐患。同时能够避免周期性维护中有些零部件或油、水等提前更换而造成浪费;从而加重使用者的负担,又消耗大量的资源不利于创建节约性社会。

汽车检测性维护分为维护前的诊断检测、维护过程中的检测和二级维护竣工检测三个方面。

/任务一/ 汽车维护保养分级

【任务目标】

知识目标

能描述汽车维护的类型;

能说明汽车维护的要点;

能阐述汽车维护的项目。

【任务实施】

一、汽车维护的分类

汽车维护分定期维护和非定期维护。定期维护又分日常维护、一级维护和二级维护;非定期维护分为季节性维护和走合维护。其中,季节性维护可结合定期维护进行。

1.日常维护

日常维护的主要内容是坚持“三检”,即出车前、行车中、收车后检视车辆的安全机构及各部件的紧固情况;保持“四清”,即保持机油滤清器、空气滤清器、燃油滤清器和蓄电池的清洁;防止“四漏”,即防止漏水、漏油、漏气和漏电;保持车容整洁。车辆的日常维护保养基本作业项目见表 1-1-1。

表 1-1-1

分　类	作业内容
车身外部	检查、清洁驾驶室内外各镜面与各挡风玻璃
	检查整车外观、油漆和腐蚀情况
	检查、调整轮胎状况和车轮固定螺栓紧固情况
	检查全车各部液体泄漏情况
	检查、润滑车门和发动机罩
车身内部	检查、调整灯光、信号状态
	检查提醒指示器和警告蜂鸣器的状态并实施必要的维护
	检查、调整喇叭的状态
	检查刮水器、挡风玻璃洗涤器状态
	检查挡风玻璃除霜器工作情况
	检查、调整后视镜、遮阳板
	检查方向盘自由行程以及方向盘回转平顺情况
	检查、调整前排座椅状态
	检查、调整安全带技术情况
	检查油门踏板操作情况
	检查离合器、制动器踏板的自由行程以及踩下、抬起的平顺情况,检查制动器的制动性能
	检查驻车制动器的驻车性能
	检查自动变速器停车挡的性能
发动机舱	检查、补充发动机机油
	检查、补充发动机冷却液
	检查、补充挡风玻璃清洗液量
	检查、调整蓄电池液液面高度
	检查、补充离合器、制动器液压储液罐液位
	检查、调整发动机驱动带张紧度,检查其老化、断裂等损坏情况
	检查、补充自动变速器液
	检查、补充动力转向液
	检查排气系统固定和其他变化情况
	检查并清除散热器的污物,紧固软管管箍,检查其老化情况

2.一级维护

一级维护一般按汽车生产厂家推荐或规定的行驶里程或使用时间进行,一般使用里程为 7 500~15 000 km 或使用时间为 6 个月,以行驶里程或使用时间首先达到者为准。一级维护的基本作业内容见表 1-1-2。

表 1-1-2

分　类	作业内容
发动机	检查润滑、冷却、排气系统及燃油系统是否渗漏和损坏
	更换发动机机油及机油滤清器
	检查冷却系统液面高度及防冻能力,必要时添加冷却液或调整冷却液浓度
	清洁空气滤清器,必要时更换滤芯
	检查、清洗火花塞,必要时更换火花塞
	检查 V 形传动带状况及张紧度,视情况调整张紧度或更换 V 形传动带
	检查、调整点火正时、怠速转速及一氧化碳含量
底盘	检查离合器踏板行程
	检查变速器是否渗漏或损坏
	检查等速万向节尘套是否损坏
	检查转向横拉杆球头固定情况、间隙及防尘套是否损坏
	检查制动系统是否渗漏或损坏
	检查制动蹄摩擦衬片或衬块的厚度
	检查制动液液面高度,必要时添加制动液
	检查、调整驻车制动器
	检查轮胎气压、磨损及损坏情况
	检查车轮螺栓紧固情况
	检查轮胎花纹深度
车身	润滑发动机舱盖及行李箱盖铰链
	润滑车门铰链及车门限位拉条
	检查车身底板密封保护层有无损坏
电气系统及空调	检查照明灯、警报灯、转向信号灯及喇叭的工作状况
	检查、调整前大灯光束
	检查挡风玻璃刮水器及清洗装置,必要时添加挡风玻璃清洗液
	检查蓄电池液面高度,必要时添加蒸馏水
	检查空调系统是否渗漏
	检查、清洗空调系统空调滤清器

3.二级维护

汽车做二级维护前,应对汽车进行检查,以诊断故障,判断技术状态,从而确定汽车在二级维护的基本作业内容基础上加上附加项目。汽车二级维护前的诊断项目见表 1-1-3。

表 1-1-3

项　目	作业内容
点火系统参数	点火电压、点火提前角
发动机动力性能	无负荷功率、各缸功率平衡
启动系统参数	启动电流、启动电压
气缸密封情况	气缸压力、曲轴箱窜气、气缸漏气量、进气管真空度
配气相位	进排气门开启、关闭时刻
机油化验分析	斑痕污染指数、水分、闪点、酸值、运动黏度、含铁量
发动机异响	曲轴轴承、连杆轴承、活塞、活塞销、配气机构
发动机油液检查	发动机机油油位、曲轴前后油封渗漏、散热器渗漏、水泵渗漏
转向系统	转向盘自由行程、转向机工作状况及油封密封状态、路试转向稳定性(视情进行)
传动系统	离合器工作情况、变速器和主减速度器壳油封状态及壳体表面状况
行驶系统	轮胎偏磨、弹簧变形、车架裂伤、各部铆接状况
仪表信号	仪表信号、机油压力、水温、发电机充电放电指示灯
其他	车身、驾驶室各钣金件开裂、锈蚀、变形、脱漆、锁止机构状况、牵引机构状况

二级维护保养的基本作业项目见表 1-1-4。

表 1-1-4

分　类	作业内容
转向系统	检查转向横拉杆球头固定情况、间隙及防尘套是否损坏
制动系统	制动系统是否有渗漏或损坏
	检查制动液面高度,必要时添加制动液
	检查制动蹄摩擦衬片或衬片的厚度,必要时应更换
	检查调整驻车制动系统
轮胎	检查轮胎气压
	检查轮胎花纹深度及磨损情况
	检查车轮螺栓拧紧力矩

续表

分 类	作业内容
电气系统及空调系统	检查全车灯光及喇叭的工作情况
	检查、调整前大灯光束
	检查挡风玻璃刮水器及清洗装置工作情况，必要时添加清洗液 检查蓄电池电解面高度，必要时添加蒸馏水
	检查空调制冷剂量及是否有泄漏
	检查清洁空调空气滤清器
路度	检查车速表、行车制动器、换挡机构、转向机构及空调的工作情况
其他	润滑发动机舱盖铰链及锁舌
	润滑车门铰链及车门限位拉条
	检查车身底部密封保护层是否损坏等
	每两年更换一次制动液

二、汽车维护的要点和实用价值

1.汽车维护的要点

按照汽车维护的作业范围可将汽车维修分为汽车发动机的维护、汽车底盘的维护、汽车电器设备的维护、汽车车身的维护4个部分，常见的作业项目有洗车、检查轮胎表面和气压、检查机油液位、冷却液液位、制动液液位、更换机油和机油滤芯器等。

(1)汽车发动机的维护要点

①使用适当等级的机油定期更换机油和滤芯；

②经常保养空气滤清器并定期更换；

③定期清洗燃油系统，定期更换燃油滤芯；

④定期保养水箱散热网；

⑤定期更换火花塞。

(2)汽车底盘的维护要点

①检查轮胎表面是否有异常磨损的现象，视情况决定是否要做四轮定位。检查横拉杆、稳定杆、控制臂等的球头，是否有松旷现象。

②检查制动液、液压动力转向液等是否在规定范围内。

③查看刹车片是否有磨掉的现象，如有要更换。

④检查减震器是否有漏油现象，减震器防尘套是否有损坏，减震器弹簧是否有变形、锈蚀等。

⑤检查底盘的各个橡胶衬套是否有损坏等。

(3)汽车电器设备的维护要点

①车辆前照灯以及指示灯、示宽灯、左右转向灯以及指示灯、危险警告灯以及指示灯、制动灯(含高位制动灯)、尾灯、倒车灯等的检查。

②电动后视镜、车门玻璃升降器、组合仪表各指示灯以及背景灯亮度的调节供能、制冷系统、自动挡车辆的换挡指示灯等的检查。

③挡风玻璃清洗器、车辆内部阅读灯、车门开关指示灯等的检查。

④发电机、启动机、空调压缩机等的检查。

(4)车身的维护要点

①汽车车身的冲洗。

②汽车车身漆面的打蜡和抛光。

③汽车车身的防锈等。

2.汽车维护的实用价值

汽车由大量的零件构成,由于车辆使用时间和条件使其会受到磨损老化或腐蚀,降低性能,从而需要定期维护,经过调整和更换来保持其性能。

通过定期维护可以达到如下效果:

①许多可能发生的故障都能得以避免。

②可使车辆保持在符合法律规章的状态中。

③可延长车辆使用寿命。

④顾客可享受经济安全的驾车体验。

/任务二/ 汽车非定期维护作业

【任务目标】

知识目标

能描述非定期维护的类型;

能说明各类非定期维护的要点。

【任务实施】

一、走合期维护

新购买或刚进行大修的汽车,首先要进行汽车初驶,即新车走合。在汽车初驶期所进行的走合维护，主要目的是使各相对运转的零部件进行磨合，以达到改善零件摩擦表面几何形状和表面层的物理机械性能的效果。维护项目以清洁、润滑、紧固等为主。

不同品牌的汽车，在其新车使用手册中规定的初驶里程各不相同，一般规定为 1 500～2 500 km，但整个初驶期均可分为前、中、后 3 个阶段。

1.初驶前期维护

汽车初驶前期，各零件加工表面还未经过很好的磨合，配合间隙比较紧，润滑也不够正常，零件表面摩擦热量较多、温度较高，摩擦磨损速度最快。主要维护项目见表 1-2-1。

表 1-2-1

序　号	项　目
1	彻底清洗汽车，检查各部位的连接、紧固情况
2	检查散热器的水量，检查冷却系统各部位有无漏水现象
3	检查发动机机油量是否充足，不足应补充
4	转动方向盘，检查转向机构有无松动发卡现象
5	检查点火、灯光和仪表的工作是否正常，检查电解液液面，不足时应添加
6	检查轮胎气压，不足时应充气
7	检查行车和驻车制动系统是否正常、有无漏油现象，检查制动油罐油面，不足时应添加

2.初驶中期维护

初驶中期维护是在汽车行驶 500 km 左右时进行，主要是对汽车各部件中技术状况开始发生变化的一部分进行一次及时维护，以恢复其良好的技术状况，保证下阶段初驶的顺利进行。主要维护项目见表 1-2-2 所示。

表 1-2-2

序　号	项　目
1	更换润滑油和滤清器
2	润滑全车各润滑点
3	检查制动效能和各连接处以及制动管路是否渗漏
4	检查调整离合器踏板自由行程
5	注意各总成温度，并随时检查和排除“四漏”情况

3.初驶后期维护

汽车初驶后期维护，应及时将汽车开到维修厂进行维护。通过对汽车进行全面的检查、紧固、调整和润滑作业，使汽车达到良好的行驶状态。主要维护项目见表 1-2-3。

表 1-2-3

序　号	项　目
1	测量气缸压力
2	清洗变速器、驱动桥、转向器并更换润滑油
3	清洗润滑油道,更换润滑油及滤清器
4	检查和清除冷却系统的污垢,并更换冷却液
5	检查和清洗燃料系统管道,更换燃油滤清器
6	检查调整点火正时,恢复蓄电池的技术状况
7	检查、紧固、调整转向器和车轮定位
8	检查和调整制动系统,更换制动液
9	检查调整离合器踏板的自由行程
10	按规定力矩检查底盘和传动部分的各部连接情况
11	检查和紧固车身各连接件

汽车虽然已经通过走合期,但 3 000~4 000 km 是汽车由走合期到使用期的过渡阶段,此时,发动机仍不要以很高的转速运转,车速不宜过快,不要超载,并尽量避免在恶劣路面上行驶。

二、季节性维护

由于冬、夏两季的温差大,为使车辆在冬、夏两季合理使用,在换季之前应结合定期维护,附加一些相应的项目,使汽车适应气候变化后的运行条件,此种附加性的维护称为季节性维护。

汽车进行季节性维护的环境温度条件是:凡全年最低气温在 0 ℃以下的地区,在入夏和入冬前都需要进行季节性维护。

1.汽车的夏季维护

夏日,由于气温高,使得发动机温度变高,从而导致车辆充气系数下降,动力下降;润滑油易变质,润滑性能下降,运动零件磨损加剧;雨水多使车辆易打滑而造成车辆受损,事故增加。所以做好夏季车辆的维护,保持车辆性能是一项重要的工作。汽车夏季维护主要内容如下:

①检查冷却系统各零件,保证齐全、有效。主要检查冷却系统是否泄漏和风扇传动带松紧度,冷却液量是否充足,节温器和散热器性能是否有效,并清除发动机水套和散热器内的水垢。

②按车辆使用说明的要求或根据具体使用情况,更换车辆各部分夏季使用的润滑油,保证润滑油的数量充足和质量良好,保证润滑系统良好。

③防止爆燃,改善动力性,根据发动机的压缩比选用牌号合适的汽油,汽油机要调整火

花间隙(适当调大)和点火正时(适当推迟点火提前角),传统点火系统应适当增大断电触点间隙。

④防止爆胎。由于外界气温高,轮胎散热慢,轮胎气压也随之增高而易引起轮胎爆破。因此,在高温条件下行驶时,要经常检查轮胎气压,保证其在规定的标准气压内。长途行驶的汽车,要适当降低车速,不可用冷水浇轮胎的方法来降低轮胎温度,轮胎会因此产生裂纹。

⑤检查蓄电池,适当降低蓄电池电解液密度,经常检查蓄电池电解液液面高度,及时补充,保持通气孔畅通。

⑥检查制动系统,带有液压制动系统的车辆,要检查制动总泵和分泵是否渗漏,必要时更换制动液,排除制动管路中的空气,并检查和调整制动踏板的自由行程。

2.汽车的冬季维护

冬季气温较低,车体温度低,难以启动,车辆状况急剧下降。由于气温低,机油黏稠而导致零部件润滑不良,使发动机磨损加剧。因此做好车辆的冬季维护有利于保障低温环境下的驾驶安全。

汽车冬季维护的主要内容如下:

①更换各种油液。由于气温低,各种液体黏度变大,流动性变差,所以应根据车辆使用说明书,使用凝点低、流动性好的各种油液,如选用黏度较小的发动机润滑油和选用适宜冬季使用的各种齿轮油、制动液和润滑脂等。

②维护发动机冷却系统。检查发动机冷却系统,保证节温器工作良好,清除冷却系统内部水垢,防止发动机冷却液温度过低,导致发动机的部件损坏。

③检查电器设备,检查并可适当调高蓄电池电解液密度,并加强对蓄电池保温,防止冻裂蓄电池外壳和过冷影响启动性能。

④调整点火提前角。根据冬季气温,及时检查并调整点火提前角,利于发动机启动。

项目二 | 汽车发动机维护

汽车发动机是汽车的心脏，动力的源泉，发动机的性能决定了汽车的动力性、经济性及排放等方面。因此在汽车行驶到一定里程后，应对发动机的易老化、变质、磨损、消耗等部位或零件进行相应的检测及维护，如：机油及机油滤清器的检测及更换、节气门的清洗、燃油滤清器的更换、喷油器的清洗、防冻液的更换、空气滤清器的更换、冷却系统密封性的检查、传动皮带的检查与更换、正时皮带的更换等方面的维护作业。

/任务一/ 更换机油和机油滤清器

【任务目标】

知识目标

能说明机油的标号；

能理解机油的作用；

能理解机油的分类。

技能目标

会更换发动机机油；

会更换发动机机油滤清器。

【相关知识】

1.机油的类别

机油对于发动机就如同血液对于心脏一样重要。机油中含有多种添加剂，能够有效保护发动机重要的移动部件，保证发动机正常运作。

发动机机油和机油滤清器在长时间的使用后，可能出现机油变质、滤清器杂质过多、润滑能力下降，所以应定期对发动机机油和机油滤清器进行检查与更换。

机油标号包括分级和黏度规格两部分。机油标号通常表示黏度和品质。

机油分级使用两个字母组合表示。“S”开头系列代表汽油发动机用油，一般规格依次由SA至SN（按字母顺序，但其中没有SI），每递增一个字母，机油的性能都会优于前一种，机油中会有更多用来保护发动机的添加剂；字母越靠后，质量等级越高，国际品牌中机油级别多是SF级别以上的。“C”开头系列则代表柴油发动机用油。若“S”和“C”两个字母同时存在，则表示此机油为汽柴通用型。

2.机油的选用

在机油的外包装上，我们经常会看到SAE和API，其中SAE是“美国汽车工程协会”的缩写，API是“美国石油协会”的缩写。SAE后边的标号标明机油的黏度值，而API后边的标号则标明机油的质量级别。

10W-40就是机油的SAE标准黏度值，这个黏度值首先表示这个机油是复级润滑油（民用领域已经没有单级润滑油了），W代表WINTER冬天，W前面的数字是代表倾点温度，简单来说就是结冰点温度。10W的机油对应的结冰点温度是-25 ℃，其他常见的有0 W是-35 ℃，5W是-30 ℃，15W是-20 ℃。W后面的数字代表机油在100 ℃时的运动黏度，数值越高说明黏度越高。40代表100 ℃时运动黏度标准为12.5~16.3 mm^2/s。要知道，发动机运转时的温度不一定是取决于环境气温，长时间高转行车发动机温度轻易就可以到达100 ℃，可还没有100标号的润滑油。

【任务实施】

活动准备

工、量具及辅助材料的准备

①工位准备：举升机一台、科鲁兹轿车一辆。

②工具准备：世达150件套，机油滤清器扳手、机油回收车。

③防护用品及耗材准备：四件套、车轮挡块、机油、机油格。

操作要求

①安装车轮挡块时要紧贴车轮，安装在两后轮，每个轮前后各一块。

②前格栅布和翼子板布有安装方向，不能装反。

③车辆应停靠在举升机中央。

操作程序

①安装车轮挡块，如图2-1-1所示。

②拉起驻车制动器，将换挡杆处于P挡，如图2-1-2所示。

③安装车内四件套，如图2-1-3所示。

④安装前格栅布和翼子板布，如图2-1-4所示。

图 2-1-1

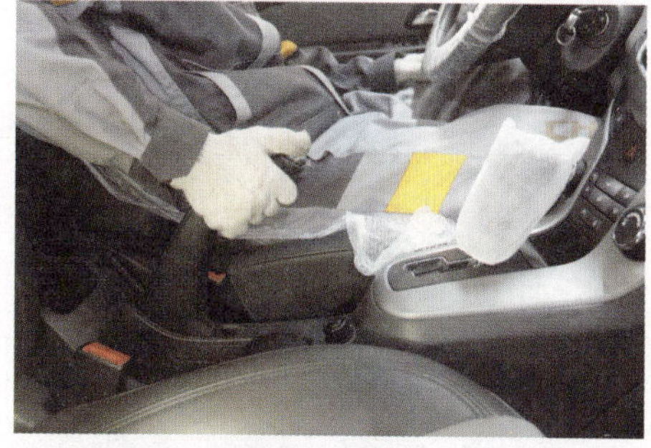

图 2-1-2

图 2-1-3

图 2-1-4

作业标准

①前格栅布和翼子板布安装牢固。

②车轮挡块与车轮无间隙。

③工、量具摆放整齐。

活动一　排放机油

操作要求

①换机油尽可能在热车状态下进行，尽可能把机油放净。

②机油和机油滤清器必须同时更换。

③放油时由于机油温度很高，注意防止烫伤。

操作程序

①打开点火开关，启动发动机并保持怠速运转 3~5 min。其间注意观察水温表指示数值的变化，当水温达到 60~70 ℃时，关闭点火开关，停止发动机运转，如图 2-1-5 所示。

图 2-1-5

②取下发动机装饰罩，观察气门室罩垫、加油口、曲轴油封等处是否存在漏油。

③操纵举升机，将车辆举到目标高度后，可靠停驻。确认车辆可靠停驻后，方可进入车下作业，如图 2-1-6 所示。

④将机油回收桶置于发动机油底壳排放塞的正下方，如图 2-1-7 所示。

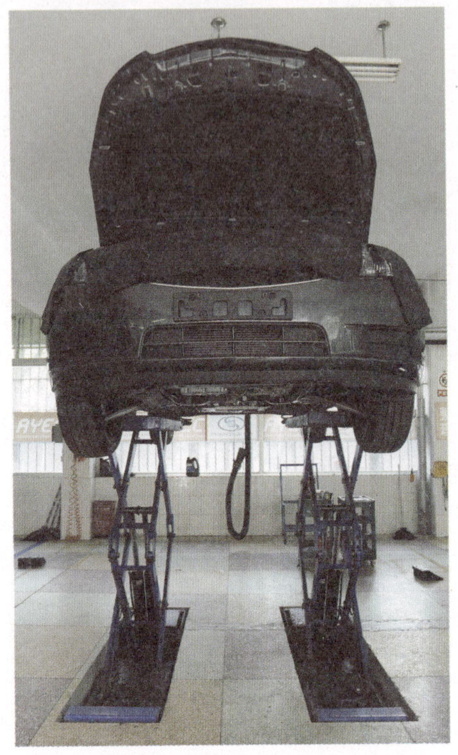

图 2-1-6

图 2-1-7

⑤用套筒扳手拧松排油塞，如图 2-1-8 所示。

⑥用手缓缓旋出排油塞，当感觉仅剩 1～2 个丝扣时，继续旋出时要稍微用力向上推排油塞，确定螺纹已全部旋出后，急速移开排油塞，让机油流入回收桶内。

⑦检查排油塞垫片是否损坏，如断裂要更换新垫片。使用面纱擦净排油塞上吸附的金属屑，如图 2-1-9 所示。

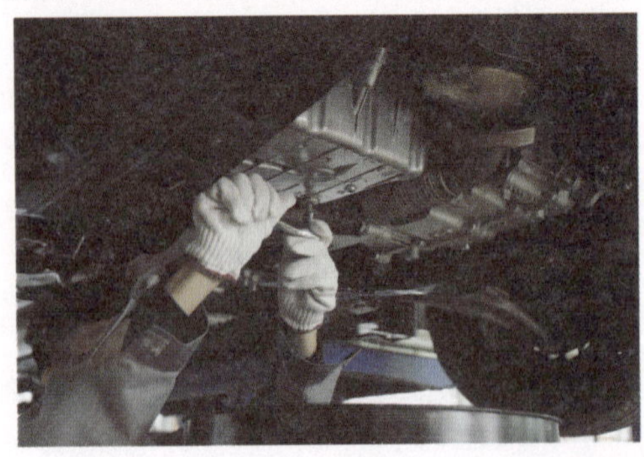

图 2-1-8

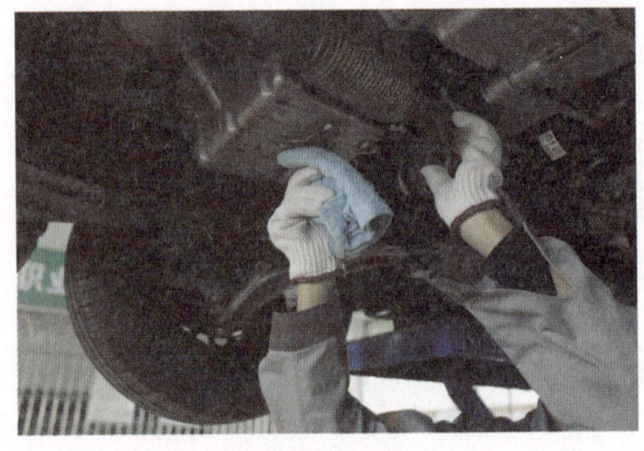

图 2-1-9

作业标准

①废机油应用专用工具存放。

②机油排放螺丝拆卸时应用相对应的扳手。

活动二 添加机油、更换机油滤清器

操作要求

①选择适合此车辆的机油。

②机油加入量要合适，以机油尺为准。

③加入机油后启动发动机，检查各部件是否有渗漏现象。

操作程序

①当油底壳排油孔不再滴油时，用手旋入排油塞，并用套筒扳手拧紧，如图 2-1-10 所示。

②用面纱擦干净排油塞和油底壳上的油迹，如图 2-1-11 所示。

③用机油滤清器专用套筒、接杆、扭力扳手旋松机油滤清器，如图 2-1-12 所示。

④在新的机油滤清器的密封圈上均匀涂抹一薄层机油，如图 2-1-13 所示。

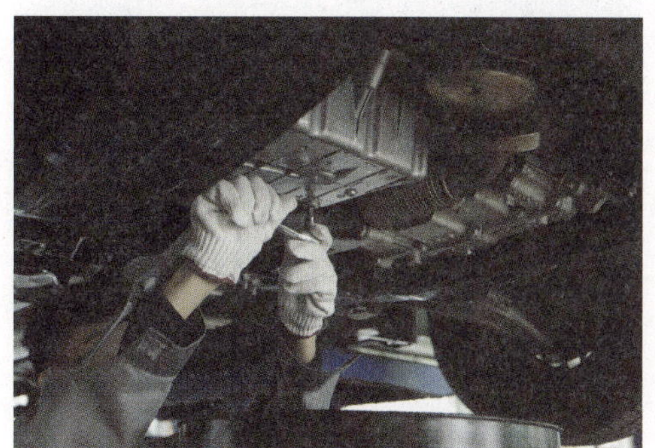

图 2-1-10

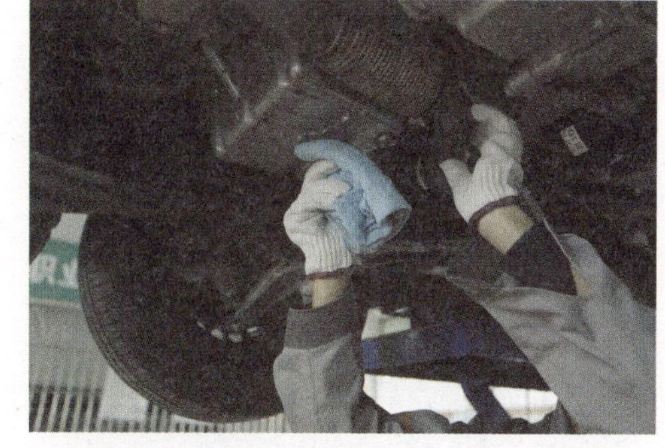

图 2-1-11

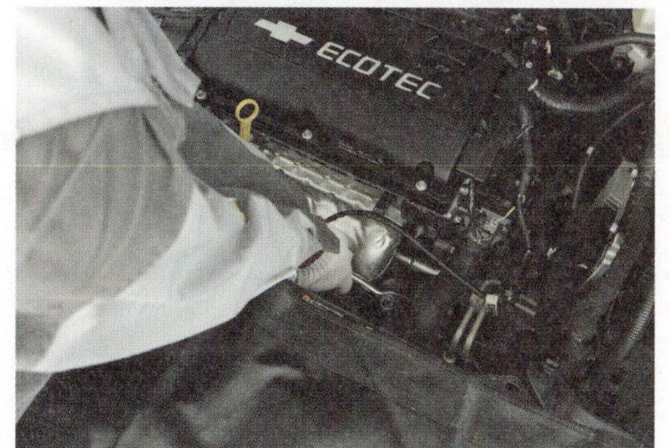

图 2-1-12

图 2-1-13

> ☆ 注意
>
> 滤清器的密封圈上涂抹一薄层机油可以起到辅助密封的作用。

⑤将机油滤清器旋入其座上并用力拧紧。

> ☆ 注意
>
> 滤清器的拧紧力矩不要过大,以免损坏密封垫圈。

⑥用面纱擦净滤清器及其座上的机油。

⑦操纵举升机,将车辆平稳降落到地面上。

⑧用面纱擦干净加油塞周围的油渍、尘土,并旋下加油塞,如图 2-1-14 所示。

⑨旋下机油桶盖,然后一手握住桶上的手柄,一手拖住桶的底部,对准发动机的机油口,稍稍倾斜机油桶,缓缓将机油倒入发动机内,如图 2-1-15 所示。

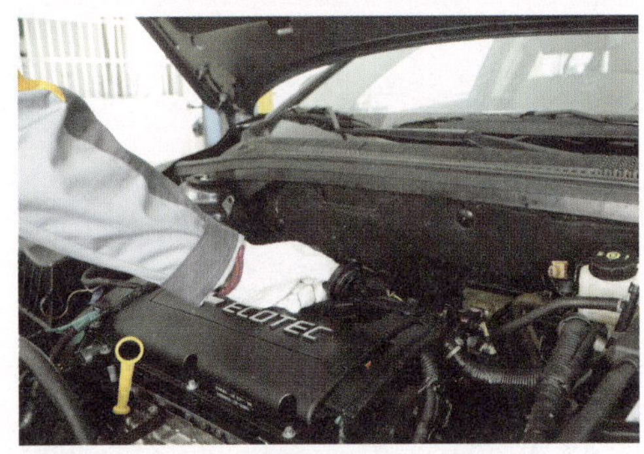

图 2-1-14

图 2-1-15

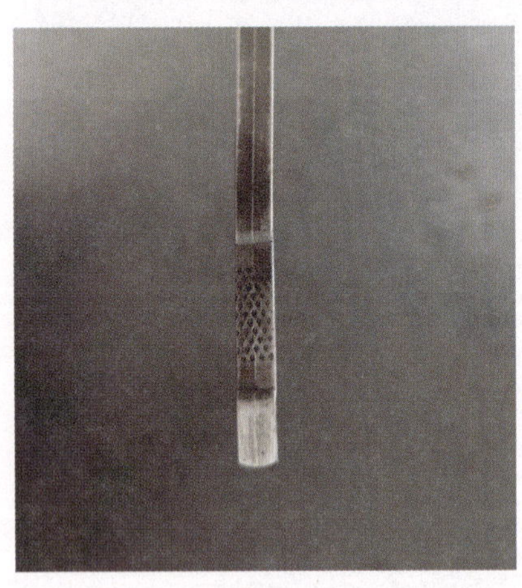

图 2-1-16

⑩当加注量接近油桶容量(4L)的 3/4 时,停止加注。2~3 min 后,拔出机油标尺,擦净刻度处的油液,将其插入机油标尺套管内,按压机油标尺确认到位后,再次拔出,观察油底壳中油面的高度,应位于上下刻度线中间偏上的位置。若油量不足,进行添加,不允许液面高于上刻度线,如图 2-1-16 所示。

⑪机油加注完毕,旋紧加油口盖。

⑫进入驾驶室,打开点火开关,启动发动机并保持运转 3~5 min 后,关闭点火开关。

⑬待发动机停止运转 3~5 min 后,拔出机油尺,擦净刻度尺的机油,然后将其插回套筒内,确定插入到位后,再次拔出机油标尺,观察油底壳中的油面在刻度尺上显示的位置。如果油面位于上下刻度线中间偏上的位置,为正常;偏下,则添加适量机油;高于刻度线,应放出适量机油。

⑭操纵举升机,将车辆举升到适当高度,检查排油塞、机油滤清器等处是否漏油。如有泄漏,修复后车辆才可投入使用。

⑮将车辆平稳降落到地面,装好发动机装饰罩,如图 2-1-17 所示。

图 2-1-17

作业标准

①机油滤清器在发动机启动后不能有机油渗漏。

②放油螺栓处不能有机油渗漏。

③启动发动机后，运转 3 min 再次确认机油的油量。

操作后复位

操作要求

①回收一次性车内四件套，手套、毛巾等不可回收物品应放入指定地点。

②清洁车身应用干净的毛巾。

③工、量具应清洁干净并复原位。

操作程序

①拆卸前格栅布和翼子板布，如图 2-1-18 所示。

②拆卸车内四件套，如图 2-1-19 所示。

③拆卸车轮挡块，如图 2-1-20 所示。

④清洁车身，如图 2-1-21 所示。

⑤整理工、量具，如图 2-1-22 所示。

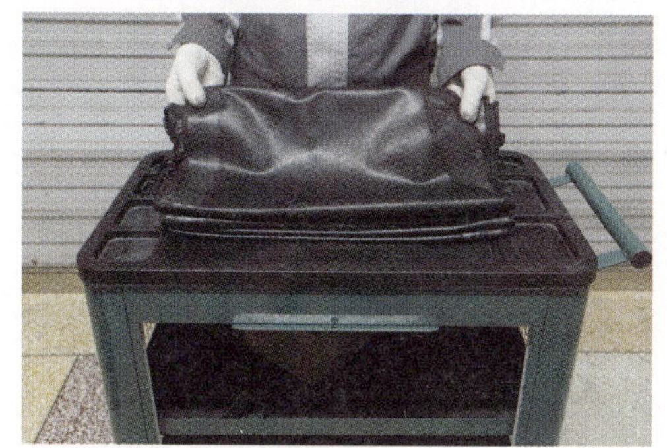
图 2-1-18

图 2-1-19

图 2-1-20

作业标准

①前格栅布和翼子板布拆卸后要摆放整齐。

②废物应分类放置。

图 2-1-21

图 2-1-22

/任务二/ 清洗节气门

【任务目标】

知识目标

能说明节气门的功用；

能阐述清洗节气门的原因；

能说明节气门的类型。

技能目标

会清洗节气门；

会复位节气门。

【相关知识】

1.节气门的作用

节气门是控制空气进入发动机的一道可控阀门，气体进入进气管后会和汽油混合变成可燃混合气，从而燃烧形成做功。节气门是当今电喷车发动机系统最重要的部件之一，它的上部是空气滤清器空气格，下部是发动机缸体，是汽车发动机的咽喉。如车加速不良，则与节气门的脏污程度有很大的关系，清洁节气门既可以减少油耗，更可以使发动机灵活有劲。

2.节气门的类型

节气门有传统拉线式节气门和电子节气门两种。传统发动机节气门操纵机构是通过拉索（软钢丝）或者拉杆，一端连接油门踏板，另一端连接节气门连动板进行工作。电子节气门主要通过节气门位置传感器，根据发动机所需能量，控制节气门的开启角度，从而调节进气量的大小。目前传统拉线式节气门已经逐渐被淘汰，更为先进的电子节气门越来越多。

3.节气门的常见故障

汽车在行驶一段时间和里程后,节气门阀片背面可能堆积沉积物。沉积物来自废气,而这些沉积物一般不会引起故障,但沉积物堆积到一定程度后会使踏板或节气门的运动受到阻碍。

多长时间清洁一次节气门取决于空气滤芯的质量、机油的品质、行驶的路况、空气温度、发动机工作温度、驾驶习惯等多方面。一般当行车时出现怠速不稳、游车、加速或收油嘎车、熄火等现象时,就要考虑是不是节气门脏了。

【任务实施】

活动准备

工、量具及辅助材料的准备

①工位准备:举升机一台、科鲁兹轿车一辆。

②工具准备:世达150件套、机油滤清器扳手、机油回收车。

③防护用品及耗材准备:四件套、车轮挡块、机油、机油格。

操作要求

①安装车轮挡块时要紧贴车轮,安装在两后轮,每个轮前后各一块。

②前格栅布和翼子板布有安装方向,不能装反。

③车辆应停靠在举升机中央。

操作程序

①安装车轮挡块。

②拉起驻车制动器,将换挡杆置于P挡。

③安装车内四件套。

④安装前格栅布和翼子板布。

作业标准

①前格栅布和翼子板布安装牢固。

②车轮挡块与车轮无间隙。

③工、量具摆放整齐。

活动一　拆卸节气门体

操作要求

①清洗节气门时,最好不要在停车后马上进行。因为机舱内温度较高,有可能烫伤皮肤,建议停车一段时间,待机舱温度降低后再进行。

②关闭点火开关,应保证驻车制动器已工作并可靠有效。

③变速器控制手柄置于空挡(N挡)或驻车挡(P挡)位置,防止发生汽车滑移。

④选择合适的工具进行拆卸。

操作程序

①断开蓄电池负极电缆,如图 2-2-1 所示。

②拆下空气滤清器出气管,如图 2-2-2 所示。

③断开线束插头,如图 2-2-3 所示。

④断开曲轴箱强制通风管,如图 2-2-4 所示。

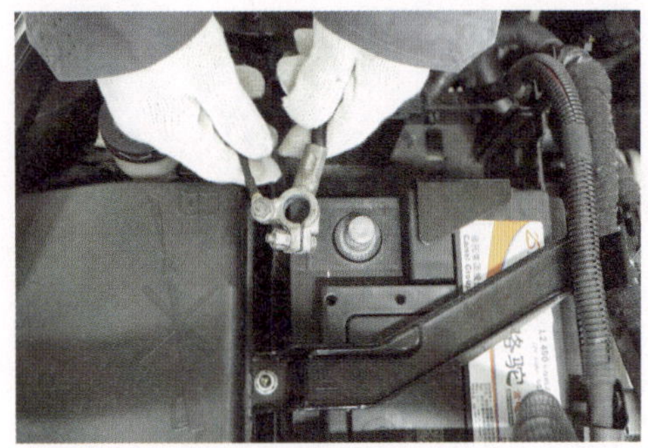

图 2-2-1

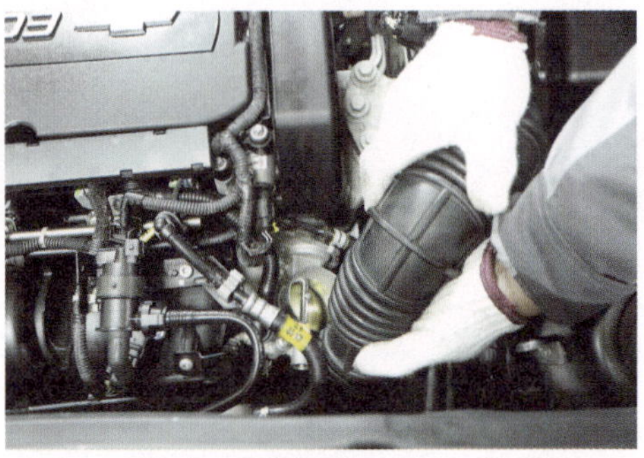

图 2-2-2

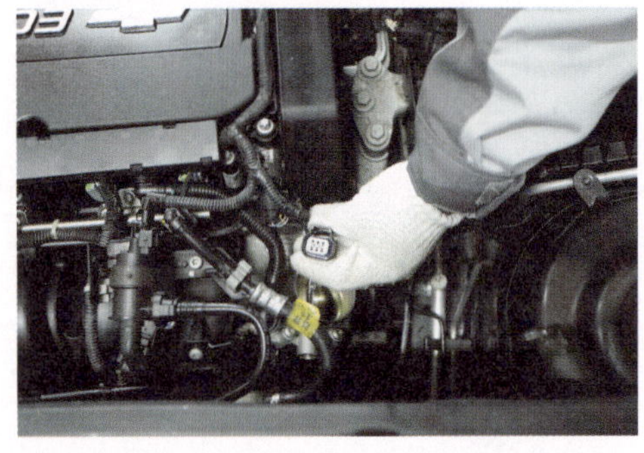

图 2-2-3

图 2-2-4

⑤将接液盘置于下面。

⑥断开节气门体加热器出口管,如图 2-2-5 所示。

⑦断开节气门体加热器进口管,如图 2-2-6 所示。

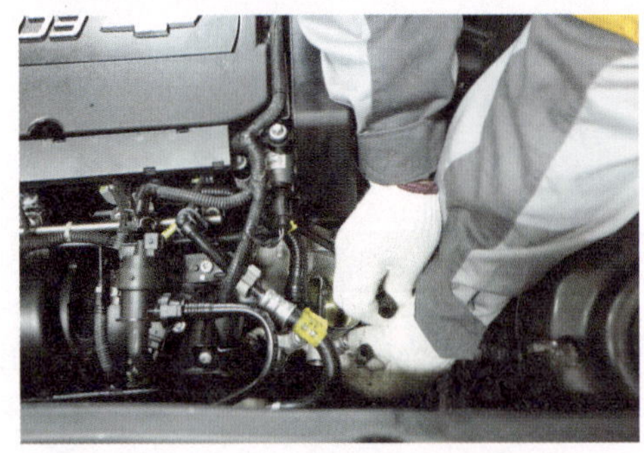

图 2-2-5

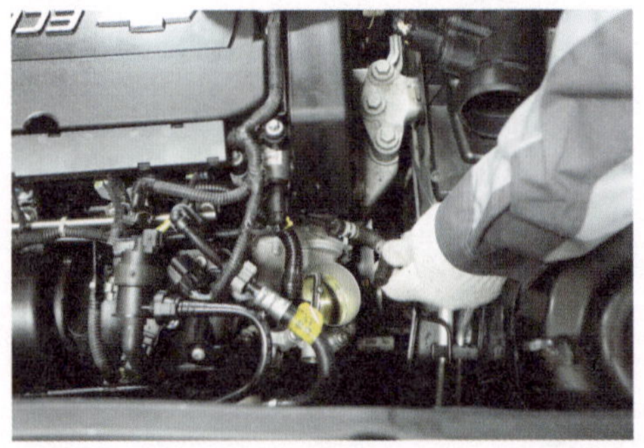

图 2-2-6

⑧拆下 4 个节气门体螺栓。

⑨拆下节气门体，如图 2-2-7 所示。

⑩拆下并报废节气门体衬垫。

作业标准

①工具规格和类别符合要求，拧松螺栓的过程规范。

②螺栓应和相应的零部件放在一起，且整齐有序。

图 2-2-7

活动二　清洗节气门体

操作要求

①节气门的意外移动会导致人身伤害。切勿将任何工具插入节气门体孔内以避免损坏节气阀片。

②切勿使用任何含甲乙酮（MEK）的溶剂清洗节气门。这种溶剂可能损坏燃油系统的部件。

操作要求

①用化油器清洗剂均匀清洁节气门表面上的积炭，如图 2-2-8 所示。

②清除积炭后，用干净的棉布擦拭节气门表面，如图 2-2-9 所示。

图 2-2-8

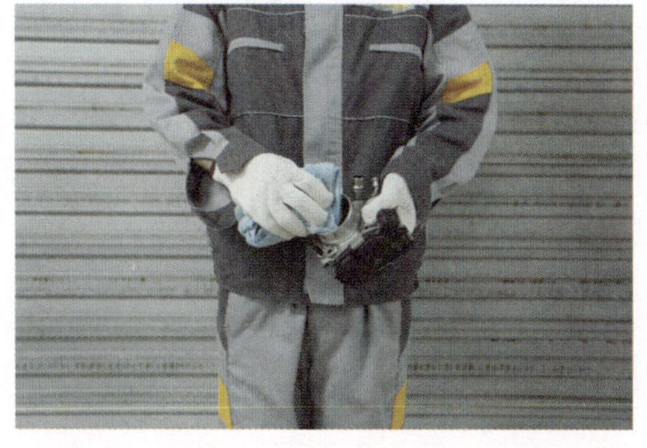
图 2-2-9

作业标准

①节气门体孔内、阀片表面无污垢、积炭等。

②节气门体安装平面平整、无污垢。

活动三　安装节气门

操作要求

①安装节气门体必须在汽车完全熄火断电的状态下进行。

②选择合适的工具进行安装。

操作要求

①安装一个新的节气门体衬垫。

②安装节气门体。

③安装 4 个节气门体螺栓并紧固至 8 N·m,如图 2-2-10 所示。

④连接节气门体加热器进口管,如图 2-2-11 所示。

⑤连接节气门体加热器出口管。

⑥连接曲轴箱强制通风管,如图 2-2-12 所示。

⑦连接线束插头。

⑧安装空气滤清器出气管,如图 2-2-13 所示。

图 2-2-10

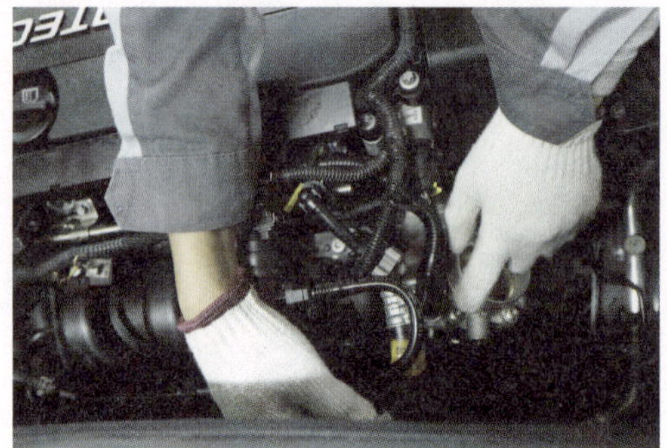

图 2-2-11

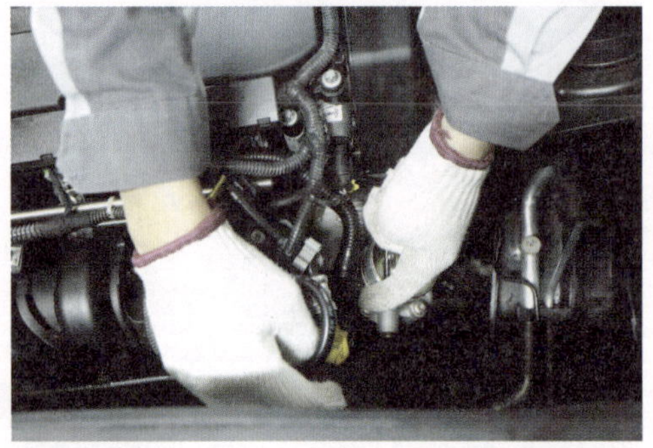

图 2-2-12

图 2-2-13

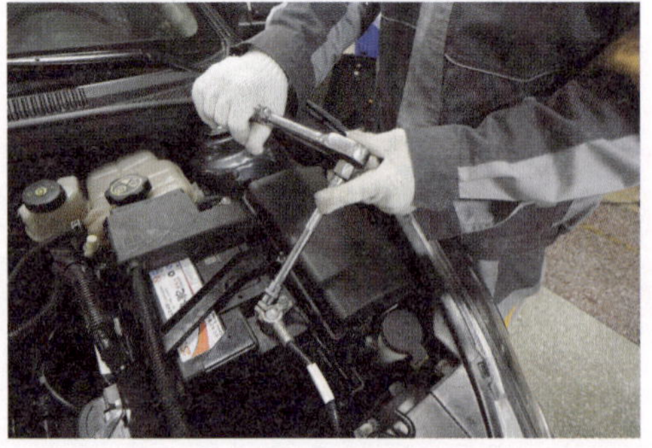

图 2-2-14

⑨连接蓄电池负极电缆,如图 2-2-14 所示。

作业标准

①工具规格和类别符合要求,拧紧螺栓过程规范。

②各连接管路安装牢固。

③连接线束插头连接正确。

活动后复位

操作要求

①回收一次性车内四件套,手套、毛巾等不可回收物品应放入指定地点。

②清洁车身应用干净的毛巾。

③工、量具应清洁干净并复原位。

操作要求

①拆卸前格栅布和翼子板布。

②拆卸车内四件套。

③拆卸车轮挡块。

④清洁车身。

⑤整理工、量具。

作业标准

①前格栅布和翼子板布拆卸后要摆放整齐。

②废物应分类放置。

/任务三/　更换燃油滤清器

【任务目标】

知识目标

能描述燃油滤清器的作用;

能说明燃油滤清器的位置;

能知道燃油滤清器的类型。

技能目标

会拆卸燃油滤清器;

会更换燃油滤清器。

【相关知识】

1.燃油滤清器的作用

燃油滤清器串联在燃油泵和节流阀体进油口之间的管路上,它的作用是把含在燃油中的氧化铁、粉尘等固体杂物除去,防止燃油系统堵塞(特别是喷油嘴),减少机械磨损,确保发动机稳定运行,提高可靠性。燃油滤清器的结构由一个铝壳和一个不锈钢的支架组成,在支架上装有高效滤纸片,滤纸片成菊花形,以增大流通面积。电喷滤清器不能与化油滤清器通用。由于电喷滤清器经常承受 200~300 kPa 的燃油压力,因此该滤清器耐压强度一般要求达到 500 kPa 以上;而化油滤清器则没有必要达到如此高的压力。

燃油滤清器的主要功能是滤除汽油中的杂质。如果燃油滤清器过脏或堵塞,主要表现为:加油门时,动力输出较慢;汽车启动困难,有时候要打火 2~5 次才能打着。多数发动机上装的都是一次性不可拆洗式的纸质滤芯燃油滤清器,更换周期一般为 15 000 km。

2.燃油滤清器的位置及类型

电喷式发动机的汽油滤清器位于输油泵的出口一侧,工作压力较高,通常采用金属外壳。汽油滤清器的滤芯多采用滤纸,也有使用尼龙布、高分子材料的。

【任务实施】

活动准备

工、量具及辅助材料的准备

①工位准备:举升机一台、科鲁兹轿车一辆。

②工具准备:世达 150 件套、机油滤清器扳手、机油回收车。

③防护用品及耗材准备:四件套、车轮挡块、机油、机油格。

操作要求

①安装车轮挡块时要紧贴车轮,安装在两后轮,每个轮前后各一块。

②前格栅布和翼子板布有安装方向,不能装反。

③车辆应停靠在举升机中央。

操作程序

①安装车轮挡块。

②拉起驻车制动器,将换挡杆处于 P 挡。

③安装车内四件套。

④安装前格栅布和翼子板布。

作业标准

①前格栅布和翼子板布安装牢固。

②车轮挡块与车轮无间隙。

③工、量具摆放整齐。

活动一　拆卸燃油滤清器

操作要求

①拆卸燃油滤清器或者对燃油系统进行养护时,严禁吸烟和使用明火。

②如果在拆卸操作过程中需要使用照明灯,则一定要确保所使用的照明灯是符合职业

安全标准的。

③拆卸燃油滤清器必须在发动机冷机状态下进行，因为发动机热机时从排气管排出的高温废气也能够把燃油点燃。

④在拆卸燃油滤清器之前，应该按照汽车制造商指定的操作规程释放燃油系统中的压力。

⑤在附近准备一个干粉化学（B 级）灭火器。

⑥处理燃油时，务必戴好安全眼镜，以防燃油溅入眼睛。

操作要求

①断开蓄电池负极电缆，如图 2-3-1 所示。

②将车辆举升至最大高度，如图 2-3-2 所示。

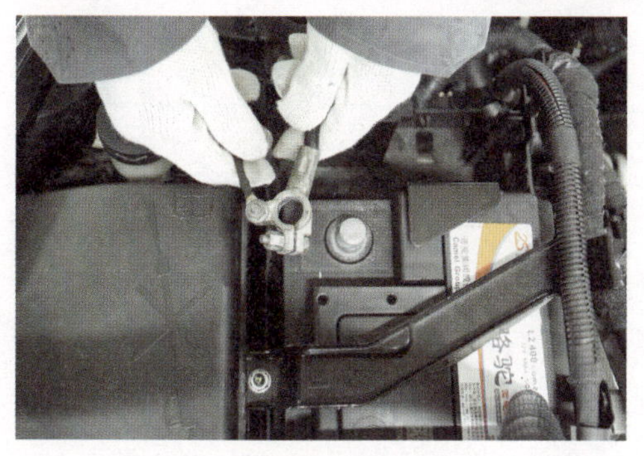

图 2-3-1

图 2-3-2

③从燃油滤清器上拆下回油管，如图 2-3-3 所示。

④从燃油滤清器上拆下供油管，如图 2-3-4 所示。

⑤转动燃油滤清器直到卡夹从边缘完全松开。

图 2-3-3

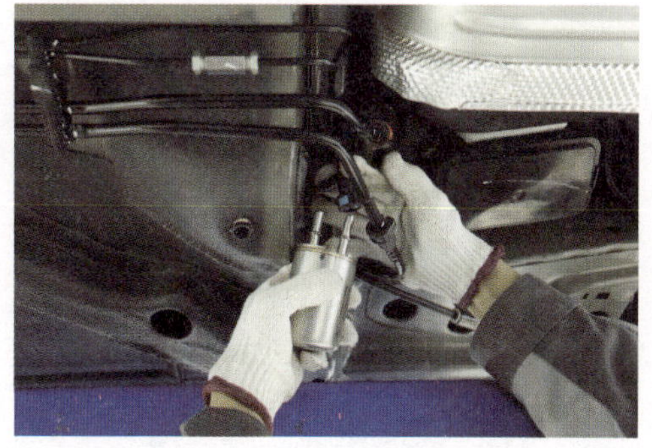

图 2-3-4

⑥沿箭头方向倾斜燃油滤清器，如图 2-3-5 所示。

⑦从蒸气活性炭罐拆下燃油滤清器，如图 2-3-6 所示。

作业标准

①能够正确举升车辆。

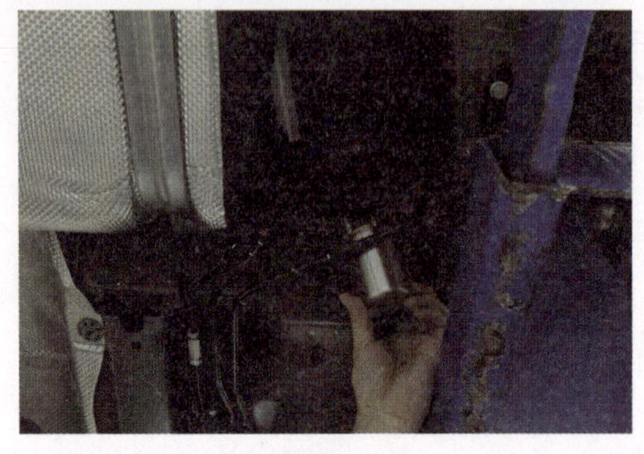

图 2-3-5

图 2-3-6

②选择合适的工具进行拆卸。

③不能损伤油管。

活动二　安装燃油滤清器

操作要求

①注意不要把燃油滤清器装反。

②安装燃油滤清器或者对燃油系统进行养护时,严禁吸烟和使用明火。

③如果在安装操作过程中需要使用照明灯,则一定要确保所使用的照明灯符合职业安全标准。

操作要求

①将燃油滤清器定位到卡夹所需位置。

②沿箭头方向倾斜燃油滤清器。

③转动燃油滤清器直到卡夹位于边缘上,如图 2-3-7 所示。

④将回油管安装至燃油滤清器,如图 2-3-8 所示。

⑤将供油管安装至燃油滤清器,如图 2-3-9 所示。

⑥完全降低车辆。

⑦连接蓄电池负极电缆,如图 2-3-10 所示。

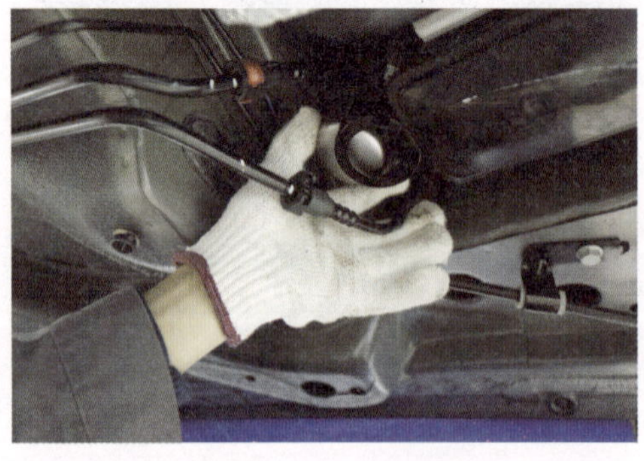

图 2-3-7

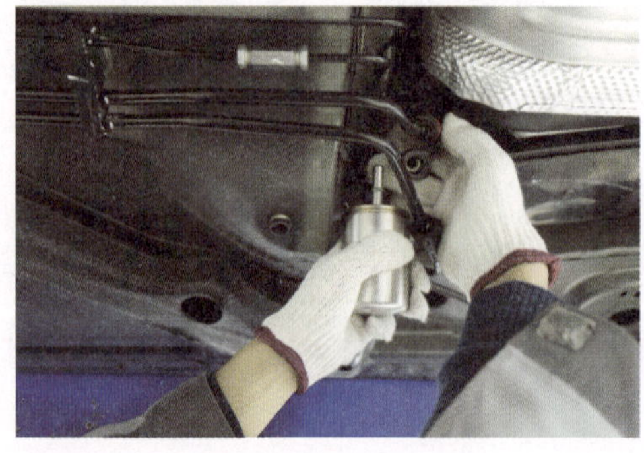

图 2-3-8

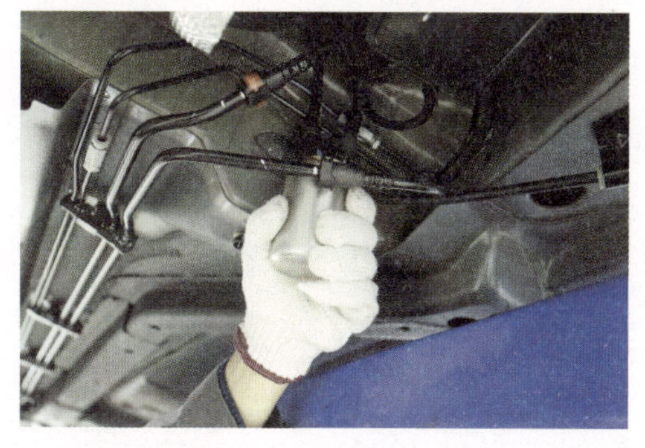
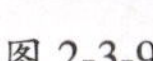
图 2-3-9

图 2-3-10

作业标准

①安装方向正确。

②油管安装到位，无燃油泄漏。

③正确降落车辆。

活动三　检查车辆运行情况

操作要求

①发动机启动前，应保证驻车制动器已工作并可靠有效。

②变速器控制手柄置于空挡（N 挡）或驻车挡（P 挡）位置，防止发动机启动时因车辆产生移动而发生事故。

操作要求

①启动发动机，保持怠速运转 3~5 min。

②将车辆举升到合适高度。

③检查燃油滤清器进、出口有无燃油泄漏现象。若有异常，进行检修；若正常，更换燃油滤清器的作业完成。

④完全降低车辆。

作业标准

①正确启动汽车。

②无燃油泄漏现象。

③正确降低车辆。

活动后复位

操作要求

①回收一次性车内四件套，手套、毛巾等不可回收物品应放入指定地点。

②清洁车身应用干净的毛巾。

③工、量具应清洁干净并复原位。

操作要求

①拆卸前格栅布和翼子板布。
②拆卸车内四件套。
③拆卸车轮挡块。
④清洁车身。
⑤整理工、量具。

作业标准

①前格栅布和翼子板布拆卸后要摆放整齐。
②废物应分类放置。

/任务四/ 清洗喷油器

【任务目标】

知识目标

能说明喷油器的作用;
能说明喷油器的类型;
能阐述喷油器的结构。

技能目标

会清洗喷油器;
会安装喷油器。

【相关知识】

1.喷油器的工作原理

喷油器是一种加工精度非常高的精密器件,要求其动态流量范围大,抗堵塞和抗污染能力强以及雾化性能好。喷油器接受 ECU 送来的喷油脉冲信号,能精确地控制燃油喷射量。

喷油器相当于电磁阀。通电时,电磁线圈产生电磁力,衔铁及针阀被吸起,喷油器开启,汽油经喷孔喷入进气道或进气管;断电时,电磁力消失,衔铁及针阀在复位弹簧的作用下将喷孔封闭,喷油器停止喷油。喷油器的通电、断电由电控单元以电脉冲控制。喷油量由电脉冲宽度决定。脉冲宽度=喷油持续时间=喷油量。一般针阀升程约为 0.1 mm,而喷油持续时间在 2~10 ms。

2.喷油器的类型

喷油器可以分为以下类型:

按喷油口结构可分为:轴针式、孔式;
按线圈电阻值可分为:高阻(13～16 Ω)、低阻(2～3 Ω);
按用途可分为:MPI 用、SPI 用;
按燃料位置可分为:上端供油式、侧面供油式。

【任务实施】

活动准备

工、量具及辅助材料的准备

①工位准备:举升机一台、科鲁兹轿车一辆。
②工具准备:世达 150 件套、机油滤清器扳手、机油回收车。
③防护用品及耗材准备:四件套、车轮挡块、机油、机油格。

操作要求

①安装车轮挡块时要紧贴车轮,安装在两后轮,每个轮前后各一块。
②前格栅布和翼子板布有安装方向,不能装反。
③车辆应停靠在举升机中央。

操作程序

①安装车轮挡块。
②拉起驻车制动器,将换挡杆处于 P 挡。
③安装车内四件套。
④安装前格栅布和翼子板布

作业标准

①前格栅布和翼子板布安装牢固。
②车轮挡块与车轮无间隙。
③工、量具摆放整齐。

活动一　拆卸喷油器

操作要求

①汽油或汽油蒸汽非常容易燃烧,如果存在火源可能会导致火灾。
②为防止火灾或爆炸危险,切勿使用敞口容器排出或存放汽油或柴油。
③准备一个干粉化学(B 级)灭火器。

操作程序

①断开蓄电池负极电缆,如图 2-4-1 所示。
②拆下曲轴箱强制通风管,如图 2-4-2 所示。

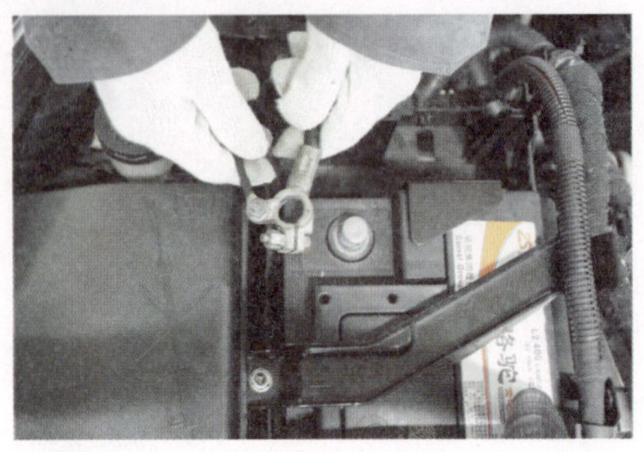

图 2-4-1

图 2-4-2

③断开如图 2-4-3 所示的线束，如燃油蒸汽控制阀线束、喷油器线束、歧管绝对压力传感器线束。

④将一个接液盘置于下面。

⑤释放燃油压力。

⑥断开供油管的快速释放接头，如图 2-4-4 所示。

图 2-4-3

图 2-4-4

图 2-4-5

⑦拆下 2 个蒸发排放炭罐吹洗电磁阀托架螺栓。

⑧将蒸发排放炭罐吹洗电磁阀托架从进气歧管上拆下。

⑨拆下 2 个多点燃油喷射燃油导轨螺栓。

⑩将带喷油器的多点燃油喷射燃油导轨从进气歧管上拆下，如图 2-4-5 所示。

⑪拆下 4 个喷油器密封件。

⑫拆下喷油器固定件。

⑬拆下喷油器。

作业标准

①工具规格和类别符合要求，拧松螺栓的操作过程规范。

②螺栓应和相应的零部件放在一起，且整齐有序。

③不能损坏各个零部件。

活动二　清洗喷油器

操作要求

①安装喷油器到清洗机上时涂上机油。

②使用干净的清洗剂清洗。

③不能堵塞喷油嘴。

操作程序

①在喷油器的密封垫圈上涂抹发动机机油后，将喷油器安装到清洗机的燃油导轨上，如图 2-4-6 所示。

②将喷油器全部安装到燃油导轨上之后，旋紧燃油导轨的压紧螺母，将燃油导轨和喷油器固定在清洗机上，如图 2-4-7 所示。

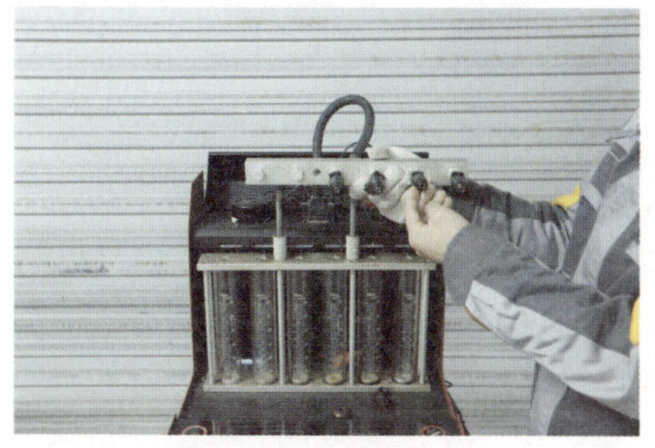

图 2-4-6

图 2-4-7

③将喷油器的电插头与插孔连接起来，如图 2-4-8 所示。

④将进油管与燃油导轨连接起来。

⑤打开清洗机的电源开关。

作业标准

①正确使用喷油嘴清洗机。

②喷油嘴清洗一定要彻底。

图 2-4-8

活动三　安装喷油器

操作要求

①安装新的喷油器密封件，用硅基润滑脂涂抹多点燃油喷射器密封件。

②用硅基润滑脂涂抹喷油器密封件。

操作程序

①安装喷油器。

②安装喷油器固定件。

③安装 4 个新的喷油器密封件。

④将多点燃油喷射燃油导轨和喷油器安装到进气歧管上。

⑤安装 2 个多点燃油喷射燃油导轨螺栓并紧固至 8 N·m。

⑥将蒸发排放炭罐吹洗电磁阀托架安装至进气歧管。

⑦安装 2 个蒸发排放炭罐吹洗电磁阀托架螺栓并紧固至 8 N·m。

⑧连接供油管的快速释放接头，如图 2-4-9 所示。

⑨将线束连接至蒸发排放吹洗阀、喷油器、歧管绝对压力传感器，如图 2-4-10 所示。

⑩安装曲轴箱强制通风管，如图 2-4-11 所示。

⑪连接蓄电池负极电缆，如图 2-4-12 所示。

图 2-4-9

图 2-4-10

图 2-4-11

图 2-4-12

作业标准

①正确使用工具。

②正确连接线束。

③更换新密封件。

活动四　检查车辆运行情况

操作要求

①发动机起动前,应保证驻车制动器已工作并可靠有效。

②变速器控制手柄置于空挡(N 挡)或驻车挡(P 挡)位置,防止发动机启动时因车辆产生移动而发生事故。

操作程序

①启动发动机,保持怠速运转 3~5 min。

②检查喷油器有无燃油泄漏现象。若有异常,进行检修;若正常,更换燃油滤清器的作业完成。

作业标准

①正确启动汽车。

②无燃油泄漏现象。

③正确降低车辆。

活动后复位

操作要求

①回收一次性车内四件套,手套、毛巾等不可回收物品应放入指定地点。

②清洁车身应用干净的毛巾。

③工、量具应清洁干净并复原位。

操作程序

①拆卸前格栅布和翼子板布。

②拆卸车内四件套。

③拆卸车轮挡块。

④清洁车身。

⑤整理工、量具。

作业标准

①前格栅布和翼子板布拆卸后要摆放整齐。

②废物应分类放置。

/任务五/ 更换防冻冷却液

【任务目标】

知识目标

能描述防冻冷却液的作用；

能阐述如何选用防冻冷却液；

能说明防冻冷却液的各项指标。

技能目标

会更换防冻冷却液；

会选用防冻冷却液。

【相关知识】

1.冷却液的功用

防冻冷却液(简称冷却液)是具有防冻功能的冷却液。它可以防止寒冷季节停车时冷却液结冰而胀裂散热器和冻坏发动机气缸体。冷却液不仅是在冬天使用,还应该全年使用,在汽车正常的保养项目中,每行驶40 000~50 000 km,需更换发动机冷却液。

2.冷却液的类型

冷却液是在软化水中按比例添加防冻剂,配以适量的金属缓蚀剂、阻垢剂等添加剂进行科学调和,达到冬季防冻、夏季防沸,且有防腐蚀、防水垢等作用。按冷却剂成分不同可分为酒精型、甘油型、乙二醇型等。酒精型冷却液是用乙醇作防冻剂,价格便宜、流动性好、配制工艺简单,但有沸点较低、易挥发损失、冰点易升高、易燃等缺点,现已逐渐被淘汰。甘油型冷却液沸点高、挥发性小、不易着火、无毒、腐蚀性小,但降低冰点的效果不佳、成本高、价格昂贵,用户难以接受,只有少数北欧国家仍在使用。乙二醇型冷却液是用乙二醇作防冻剂,并添加少量抗泡沫、防腐蚀等综合添加剂配制而成。由于乙二醇易溶于水,可以任意配成各种冰点的冷却液,其最低冰点可达-68 ℃。这种冷却液具有沸点高、泡沫倾向低、黏温性能好、防腐和防垢等特点,是一种较为理想的冷却液。目前国内外发动机所使用的和市场上所出售的冷却液几乎都是乙二醇型冷却液。

3.冷却液的检查

检查前,汽车必须停放在水平的地面上,将发动机的变速器挂入空挡。当发动机处于冷态时,检查膨胀水箱的冷却液液位,是否在“F”和“L”之间。如冷却液低于“L”线,则应添加冷却液。

【任务实施】

活动准备

工、量具及辅助材料的准备

①工位准备:举升机一台、科鲁兹轿车一辆。

②工具准备:世达 150 件套、机油滤清器扳手、机油回收车。

③防护用品及耗材准备:四件套、车轮挡块、机油、机油格。

操作要求

①安装车轮挡块时要紧贴车轮,安装在两后轮,每个轮前后各一块。

②前格栅布和翼子板布有安装方向,不能装反。

③车辆应停靠在举升机中央。

操作要求

①安装车轮挡块。

②拉起驻车制动器,将换挡杆处于 P 挡。

③安装车内四件套。

④安装前格栅布和翼子板布

作业标准

①前格栅布和翼子板布安装牢固。

②车轮挡块与车轮无间隙。

③工、量具摆放整齐。

活动一　排放冷却防冻液

操作要求

①乙二醇冷却液有毒,对肝脏有害,切勿吸入口中。如果发生皮肤接触,应立即用水清洗干净。

②冷却液应该彻底排放干净。

操作程序

①用手缓慢旋松冷却液膨胀箱盖,并施加一定的下压力,当感觉到系统压力释放殆尽后,重新旋紧膨胀箱盖,如图 2-5-1 所示。

②分别调整提升臂的角度和抽拉臂的长度,使托垫正对车辆底板上的支撑点。

③操纵举升机,将车辆升到目标高度后,可靠停驻。确认车辆可靠停驻后,方可进入车下作业,如图 2-5-2 所示。

④将接水盆放置于散热器的下方,正对于下水管与散热器出水接口处,如图 2-5-3 所示。

图 2-5-1

图 2-5-2

⑤使用钳子将下水管的卡箍张开，并拉离水管和接口的接触部位，取下鲤鱼卡钳，使卡箍保留在下水管上，如图 2-5-4 所示。

图 2-5-3

图 2-5-4

⑥用手握住下水管靠近散热器进水接口处，上下左右摆动水管，待水管与进水接口松动后，转动并向后拉出水管。

⑦将车辆平稳降落地面后，旋下膨胀水箱盖，冷却液急速流入储液桶内，如图 2-5-5 所示。

⑧进入驾驶室，打开点火开关，怠速运转发动机 30~60 s 之后，关闭点火开关，停止发动机运转，如图 2-5-6 所示。

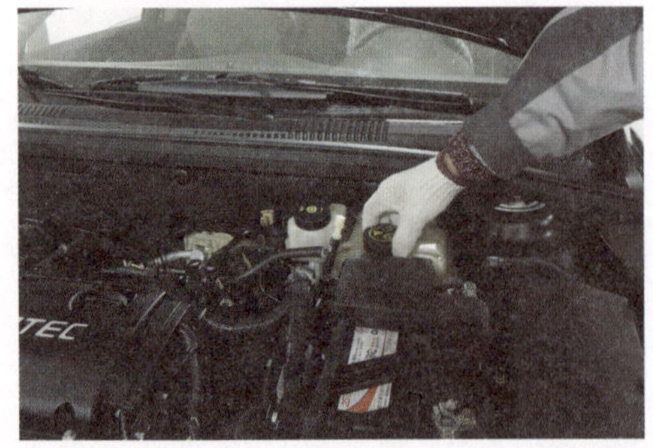

图 2-5-5

图 2-5-6

作业标准

①正确合理地使用工具。

②废冷却液应装入专用工具中。

活动二　添加冷却液

操作要求

①冷却液及其添加剂均为有毒物质，请勿接触，并应置于安全场所。

②不同型号的冷却液不能混用。

③待冷却液放尽后，应旋紧气缸体和散热器放液开关。

操作程序

①在水泵进水口的外圆上涂抹少许冷却液，然后双手握住水管靠近水泵接口部分，将水管对正水泵进水接口，上下晃动水管的同时向前施加推力，直到进水口全部装入为止。

②使用卡钳卡牢卡簧卡口，握紧手柄，使卡簧张开，向前移动卡簧至水管和进水接口相配合段的前端为止。

③操纵举升机至车辆平稳降落在地面上。

④旋下冷却液桶盖，对准膨胀箱加注口，稍稍倾斜冷却液桶，缓缓地将冷却液倒入膨胀箱内，如图 2-5-7 所示。

⑤当冷却系统的液量不足，膨胀箱中的液面下降慢或停止下降时，用手反复捏压散热器的上下水管。液面下降后，继续加注，直到膨胀箱内的液面位于上下刻度线的中间位置不再变化为止，如图 2-5-8 所示。

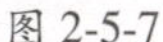
图 2-5-7

图 2-5-8

⑥启动发动机，保持怠速运转，打开暖风开关并开至最大挡，观察仪表中水温表指针的变化情况，并观察冷却风扇是否转动，如图 2-5-9 所示。

⑦关闭点火开关，停止发动机运转，观察膨胀水箱中冷却液的存量是否恰当。如果不足，补充添加至冷却液上下刻度线的中间位置。最后旋紧膨胀水箱盖，如图 2-5-10 所示。

作业标准

①冷却液应加注到接近储液罐最大位置。

图 2-5-9

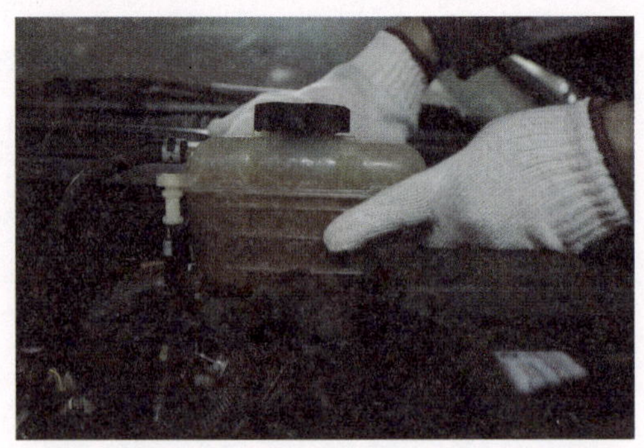

图 2-5-10

②加冷却液速度不宜过快,应缓缓加入。

活动后复位

操作要求

①回收一次性车内四件套,手套、毛巾等不可回收物品应放入指定地点。
②清洁车身应用干净的毛巾。
③工、量具应清洁干净并复原位。

操作程序

①拆卸前格栅布和翼子板布。
②拆卸车内四件套。
③拆卸车轮挡块。
④清洁车身。
⑤整理工、量具。

作业标准

①前格栅布和翼子板布拆卸后要摆放整齐。
②废物应分类放置。

/任务六/ 更换空气滤清器

【任务目标】

知识目标

能描述空气滤清器的作用;
能说明空气滤清器的更换周期。

技能目标

会更换空气滤清器;

会选择空气滤清器。

【相关知识】

1.空气滤清器的作用

汽车的空气滤清器是发动机进气系统的关键部件,是空气进入发动机要经过的第一道"关卡",它的作用是过滤掉空气中的风沙以及一些悬浮颗粒物,从而使进入发动机的空气比较纯净,这样才能使发动机工作正常。一般空气中会含有较多的灰尘和沙粒,空气滤清器很容易发生堵塞,影响发动机的进气效率,这时发动机就会出现不易启动、加速无力以及怠速不稳等症状。因此,对空气滤清器进行定期检查更换是非常必要。空气滤清器的正常工作可以避免发动机过早的磨损以及保持发动机最佳的工作状态。

2.空气滤清器的检查

现代汽车上多采用纸质滤芯的空气滤清器,纸质空气滤清器的效率高。检查空气滤清器的工作包括检查空气滤清器的滤芯灰尘是否过多,以及滤芯是否有损坏,密封圈是否有破裂、老化、变形。空气滤清器使用 4 000~8 000 km 需要进行除尘,使用 20 000 km 后应该更换滤芯。

【任务实施】

活动准备

工、量具及辅助材料的准备

①工位准备:举升机一台、科鲁兹轿车一辆。

②工具准备:世达 150 件套、机油滤清器扳手、机油回收车。

③防护用品及耗材准备:四件套、车轮挡块、机油、机油格。

操作要求

①安装车轮挡块时要紧贴车轮,安装在两后轮,每个轮前后各一块。

②前格栅布和翼子板布有安装方向,不能装反。

③车辆应停靠在举升机中央。

操作程序

①安装车轮挡块。

②拉起驻车制动器,将换挡杆处于 P 挡。

③安装车内四件套。

④安装前格栅布和翼子板布。

作业标准

①前格栅布和翼子板布安装牢固。

②车轮挡块与车轮无间隙。

③工、量具摆放整齐。

活动一　拆卸空气滤清器

操作要求

①保证车辆安全停稳。

②拆卸空调滤清器时，应用气吹把空气滤清器壳体清理干净。

操作程序

①打开发动机舱盖。

②将进气质量传感器线束插头从进气质量传感器上断开，如图 2-6-1 所示。

③拆下空气滤清器出气管，如图 2-6-2 所示。

④拆下空气滤清器壳体螺栓。

⑤拆下空气滤清器壳体盖，如图 2-6-3 所示。

⑥将空气滤清器从壳体上拆下，如图 2-6-4 所示。

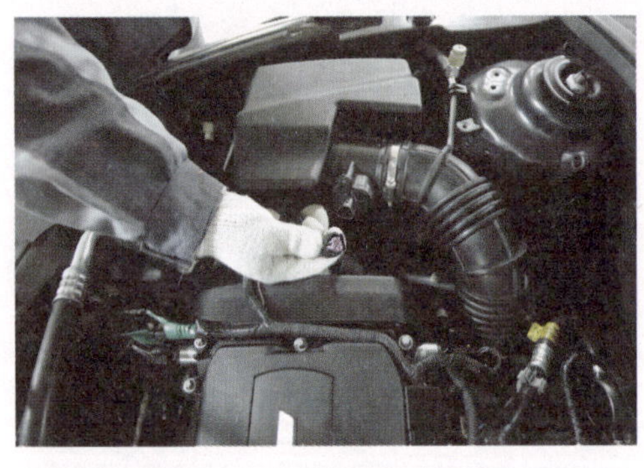

图 2-6-1

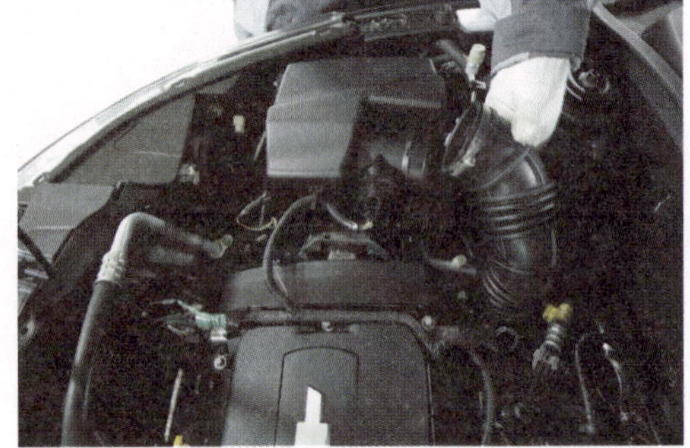

图 2-6-2

图 2-6-3

图 2-6-4

作业标准

①工具规格和类别符合要求，拧松螺栓过程规范。

②螺栓应和相应的零部件放在一起，且整齐有序。

活动二　安装空气滤清器

操作要求

①定期更换空气滤芯。

②正确安装，防止空气不经过滤芯进入气缸。

③更换滤芯应选用正规渠道的合格产品。

操作程序

①将新的空气滤芯安装至壳体内，如图 2-6-5 所示。

②安装空气滤清器壳体盖，如图 2-6-6 所示。

图 2-6-5

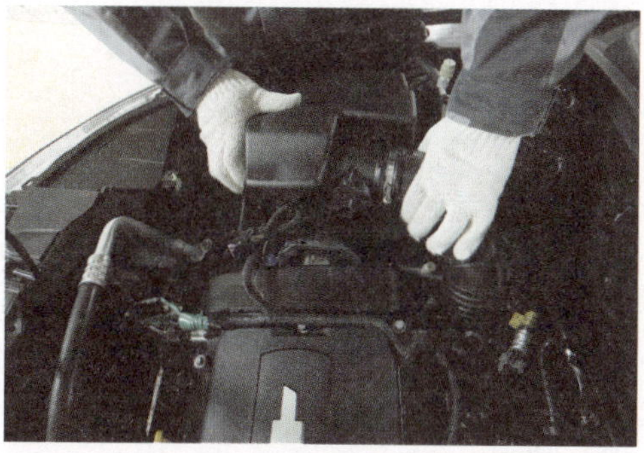

图 2-6-6

③安装 6 个空气滤清器壳体盖螺栓，并紧固至 5 N · m。

④安装空气滤清器出气管，如图 2-6-7 所示。

⑤连接进气传感器线束插头，如图 2-6-8 所示。

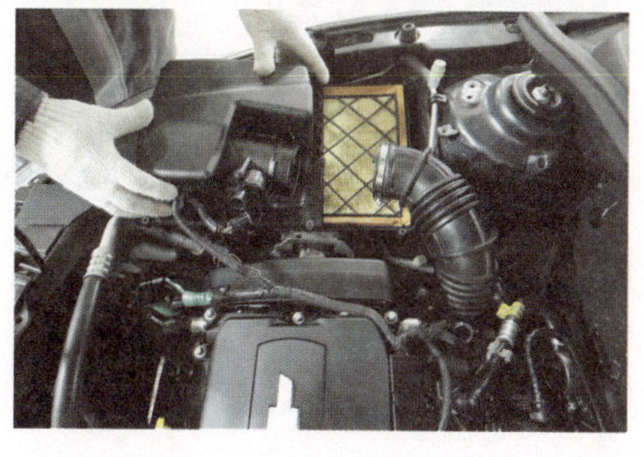

图 2-6-7

图 2-6-8

⑥关闭发动机舱盖。

作业标准

①新的空气滤芯的尺寸、型号要符合所用车型。

②工具规格和类别符合要求，拧紧螺栓过程规范。

活动后复位

操作要求

①回收一次性车内四件套，手套、毛巾等不可回收物品应放入指定地点。

②清洁车身应用干净的毛巾。

③工、量具应清洁干净并复原位。

操作程序

①拆卸前格栅布和翼子板布。

②拆卸车内四件套。

③拆卸车轮挡块。

④清洁车身。

⑤整理工、量具。

作业标准

①前格栅布和翼子板布拆卸后要摆放整齐。

②废物应分类放置。

/任务七/ 检查冷却系统的密封性

【任务目标】

知识目标

能说明冷却系统的作用；

能说明冷却系统密封性检查的目的。

技能目标

会进行冷却系统密封性检查。

【相关知识】

1.冷却系统的作用

现代大多数汽车都将发动机冷却系统设计成具有一定压力的密闭系统，一方面可以防止冷却液蒸汽排放到空气中造成污染；另一方面增加了系统内部的压力，使冷却液的沸点提高，从而减少发动机高温的倾向。因此，当发动机出现高温故障时，非常有必要对冷却系统的密封性进行检测。

2.冷却系统的检查

发动机冷却系统密封性不良，通常都伴随着冷却液泄漏。直观检查该车冷却系统各部件，尤其是冷却水管的接口处，有没有泄漏痕迹。

检查冷却系统密封性的有效途径是压力试验。将冷却系统压力试验仪安装到冷却液加注口，用压力试验仪的手动泵给系统加压，压力达到 100 kPa 时停止加压。观察压力表，发现指针缓慢回落，说明冷却系统密封性不良，有压力泄漏处，只是泄漏程度比较轻微。

3.冷却系统的结构

水冷发动机的气缸盖和气缸体上都铸有冷却水套，水泵将冷却液自散热器中吸出并加压输送到气缸体水套，冷却液吸收气缸体的热量温度升高，继而流到气缸盖水套，冷却缸盖后从气缸盖顶部的节温器流到散热器中。由于电动风扇的强力抽吸，空气由前向后高速通过散热器，因而受热后的冷却液在流经散热器的过程中，热量不断散发到大气中，使冷却液得到冷却，被冷却的冷却液流到散热器的下水室后，在水泵的作用下又流回到发动机中，由此不断循环，使在高温条件下工作的零部件不断得到冷却。

【任务实施】

活动准备

工、量具及辅助材料的准备

①工位准备：举升机一台、科鲁兹轿车一辆。

②工具准备：世达 150 件套、机油滤清器扳手、机油回收车。

③防护用品及耗材准备：四件套、车轮挡块、机油、机油格。

操作要求

①安装车轮挡块时要紧贴车轮，安装在两后轮，每个轮前后各一块。

②前格栅布和翼子板布有安装方向，不能装反。

③车辆应停靠在举升机中央。

操作程序

①安装车轮挡块。

②拉起驻车制动器，将换挡杆处于 P 挡。

③安装车内四件套。

④安装前格栅布和翼子板布。

作业标准

①前格栅布和翼子板布安装牢固。

②车轮挡块与车轮无间隙。

③工、量具摆放整齐。

活动　检查冷却系统密封性

操作要求

①冷却系统密封性的检查必须在发动机处于工作温度时进行。

②打开膨胀水箱盖时将会喷出炽热蒸汽，因此要注意防止其伤人。

③测试压力为 10 MPa。

操作程序

①分离冷却液膨胀箱封闭盖，如图 2-7-1 所示。

②检查冷却液液位，必要时，加满冷却液至“COLD(冷态)”标记处，如图 2-7-2 所示。

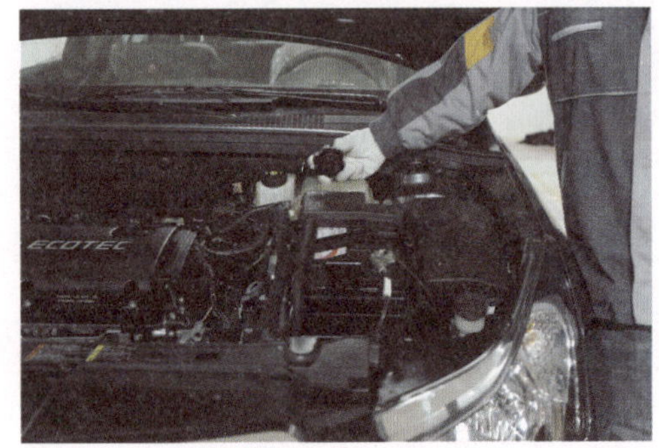

图 2-7-1

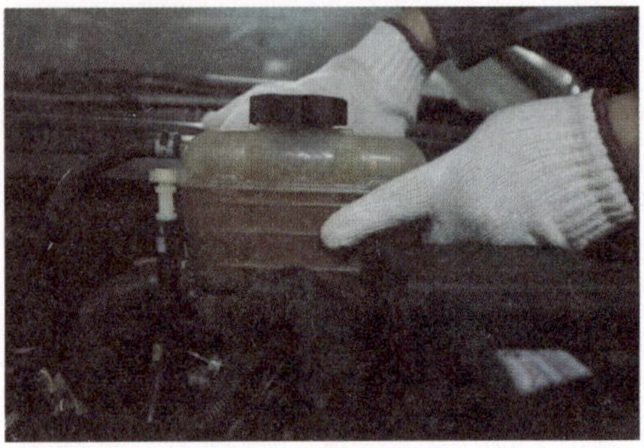

图 2-7-2

③将冷却液系统测试仪连接至冷却液膨胀箱，如图 2-7-3 所示。

④向冷却系统施加约 100 kPa 的压力，如图 2-7-4 所示。

⑤检查冷却系统是否泄漏。

⑥拆下冷却系统测试仪，如图 2-7-5 所示。

⑦连接冷却液膨胀箱封闭盖，如图 2-7-6 所示。

图 2-7-3

图 2-7-4

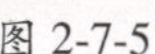

图 2-7-5

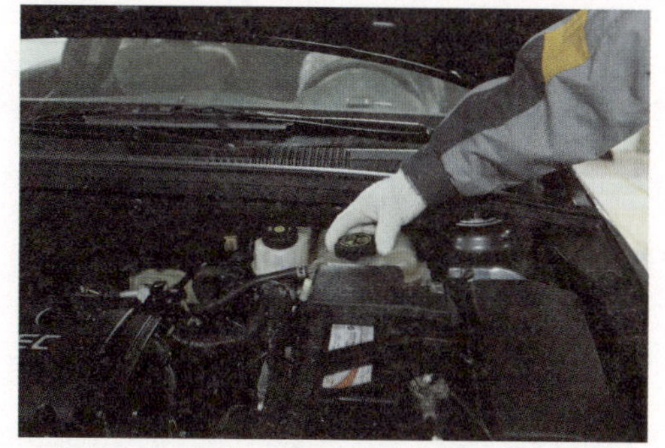

图 2-7-6

作业标准

①冷却系统无泄漏。

②正确使用工具。

活动后复位

操作要求

①回收一次性车内四件套,手套、毛巾等不可回收物品应放入指定地点。

②清洁车身应用干净的毛巾。

③工、量具应清洁干净并复原位。

操作程序

①拆卸前格栅布和翼子板布。

②拆卸车内四件套。

③拆卸车轮挡块。

④清洁车身。

⑤整理工、量具。

作业标准

①前格栅布和翼子板布拆卸后要摆放整齐。

②废物应分类放置。

/任务八/ 检查与更换传动皮带

【任务目标】

知识目标

能了解检查更换发动机传动皮带的重要性；

能了解发动机传动皮带的作用；

能知道发动机传动皮带的结构和类型。

技能目标

会使用发动机传动皮带更换所需的常用工具和专用工具；

会更换发动机传动皮带的操作技能。

【相关知识】

1.传动皮带的作用

发动机是汽车的心脏，其动力一部分通过变速箱用来驱动车辆前进，另一部分则通过传动皮带带动关联部件的运转来确保发动机及汽车空调压缩机等部件运转。与传动皮带密切相连的部件有：曲轴皮带轮、水泵、发电机、压缩机、助力泵、惰轮、张紧轮等。如果皮带断裂，发动机无法转动，车子抛锚，一切需要皮带带动的上述部件全部失效。甚至更严重，正在高速工作的气门顶杆由于在瞬间失去传动力，导致被燃烧室内的高压气体顶弯。

2.传动皮带的故障

如有下列现象应及时更换发动机传动带：

①如果传动皮带从传动皮带轮上反复脱落，则表明皮带轮错位。

②附件传动部件快速施加并释放额外的负载，可能导致传动皮带从皮带轮上脱落。确认附件传动部件工作正常。

③如果传动皮带长度不正确，传动皮带张紧器将无法保持传动皮带合适的张紧度。

④传动皮带的过度磨损通常是由于安装不当或安装了错误的传动皮带引起的。

⑤传动皮带轮的轻微错位不会导致过度磨损，但可能导致传动皮带发出噪声或脱落。

⑥传动皮带轮严重错位会导致过度磨损，也会导致传动皮带脱落。

【任务实施】

活动准备

工、量具及辅助材料的准备

①工位准备：举升机一台、科鲁兹轿车一辆。

②工具准备：世达 150 件套、机油滤清器扳手、机油回收车。

③防护用品及耗材准备：四件套、车轮挡块、机油、机油格。

操作要求

①安装车轮挡块时要紧贴车轮，安装在两后轮，每个轮前后各一块。

②前格栅布和翼子板布有安装方向，不能装反。

③车辆应停靠在举升机中央。

操作程序

①安装车轮挡块。

②拉起驻车制动器，将换挡杆处于 P 挡。

③安装车内四件套。

④安装前格栅布和翼子板布。

作业标准

①前格栅布和翼子板布安装牢固。

②车轮挡块与车轮无间隙。

③工、量具摆放整齐。

活动一　检查传动皮带

操作要求

①检查时皮带上不能沾上油污。

②务必戴好安全眼镜，以防皮带脱落伤及眼睛。

操作程序

根据下表内容，完成传动皮带的检查。

步　骤	操　作	是	否
1	是否查阅了“传动皮带症状”中的操作，并执行了必要的检查？	至步骤 2	至“症状 – 发动机机械系统”
2	如果诊断为过度磨损，转至步骤 13。 如果诊断为传动皮带脱落，应检查传动皮带是否损坏？ 故障是否已找到？	至步骤 3	至步骤 4

续表

步　骤	操　作	是	否
3	安装新传动皮带。 传动皮带是否仍然脱落?	至步骤 4	系统正常
4	检查皮带轮是否错位。 是否发现故障并加以排除?	至步骤 12	至步骤 5
5	检查皮带轮是否弯曲或凹陷。 是否发现故障并加以排除?	至步骤 12	至步骤 6
6	检查托架是否弯曲或开裂。 是否发现故障并加以排除?	至步骤 12	至步骤 7
7	检查紧固件是否正确、松动或缺失。 是否发现紧固件松动或缺失?	至步骤 8	至步骤 9
8	①紧固松动的紧固件。 ②更换不正确或缺失的紧固件。 传动皮带是否仍然脱落?	至步骤 9	系统正常
9	测试传动皮带张紧器是否正常工作。 传动皮带张紧器是否正常工作?	至步骤 11	至步骤 10
10	更换传动皮带张紧器。 传动皮带是否仍然脱落?	至步骤 11	系统正常
11	检查传动皮带惰轮和传动皮带张紧器皮带轮轴承是否有故障? 是否发现故障并加以排除?	至步骤 12	转至“诊断帮助”
12	运行系统以检验修理效果。 故障是否已排除?	系统正常	至步骤 2
13	检查传动皮带安装是否正确。 此故障是否已找到?	至步骤 16	至步骤 14
14	检查传动皮带是否正确。 此故障是否已找到?	至步骤 16	至步骤 15
15	检查传动皮带是否与托架、软管或线束摩擦。 是否发现故障并加以排除?	至步骤 17	转至“诊断帮助”
16	更换传动皮带。 更换是否完成?	至步骤 17	
17	运行系统以检验修理效果。 故障是否已排除?	系统正常	

作业标准

①正确使用检测方法，检测结果正确。

②保证被测物体无油污。

活动二　拆卸传动皮带

操作要求

①注意防止在拆卸过程中皮带伤人。

②注意在拆卸过程中皮带不能沾上油污。

操作程序

①打开发动机舱盖。

②举升和顶起车辆，如图 2-8-1 所示。

③拆下前舱防溅罩，如图 2-8-2 所示。

④通过逆时针转动来释放传动皮带张紧器上的张力，如图 2-8-3 所示。

⑤拆下传动皮带，如图 2-8-4 所示。

图 2-8-1

图 2-8-2

图 2-8-3

图 2-8-4

作业标准

①正确使用拆卸工具。

②保证被拆卸皮带无油污。

活动三　安装传动皮带

操作要求

①确保传动皮带被定位在发电机皮带轮、曲轴扭转减振器、传动皮带张紧器和水泵皮带轮上。

②传动皮带必须位于两法兰之间的水泵皮带轮上。

③注意让张紧器缓慢滑回原位。

操作程序

①安装传动皮带。

②检查传动皮带的位置。

③通过逆时针转动来释放张紧器上的张力，如图 2-8-5 所示。

④顺时针转动对张紧器施加张力。

⑤安装前舱防溅罩，如图 2-8-6 所示。

⑥降下车辆。

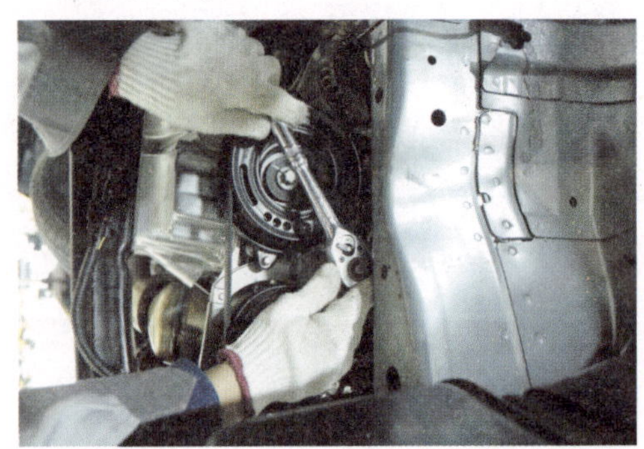

图 2-8-5

图 2-8-6

作业标准

①正确选用安装工具。

②安装完成后，皮带张力合乎标准。

活动后复位

操作要求

①回收一次性车内四件套，手套、毛巾等不可回收物品应放入指定地点。

②清洁车身应用干净的毛巾。

③工、量具应清洁干净并复原位。

操作程序

①拆卸前格栅布和翼子板布。

②拆卸车内四件套。

③拆卸车轮挡块。

④清洁车身。

⑤整理工、量具。

作业标准

①前格栅布和翼子板布拆卸后要摆放整齐。

②废物应分类放置。

项目三 | 汽车底盘维护

汽车底盘由传动系、行驶系、制动系和转向系四部分构成，其作用是支承汽车的各个总成并承受相应的力和力矩。汽车底盘的性能直接决定汽车操纵稳定性、行驶平顺性、安全性等方面。因此汽车底盘的检测与维护决定了汽车能否快速行驶。汽车底盘的维护包括盘式制动器的拆装和检测、鼓式制动器的拆装和检测、制动液的检查、驻车制动器的检查、车轮的检查、自动变速器油的检查以及车轮定位等内容。

/ 任务一 / 检查和维护盘式制动器

【任务目标】

知识目标

能说出盘式制动器的类型；

能阐述盘式制动器的性能。

技能目标

会拆装盘式制动器；

会检测盘式制动器。

【相关知识】

盘式制动器由制动盘、分泵、制动钳、油管等组成，具有散热快、重量轻、构造简单、调整方便等特点，特别是在高负载时耐高温性能好，制动效果稳定，且不怕泥水侵袭，能在冬季和恶劣路况下行车。盘式制动器已广泛应用于轿车，大部分轿车将其用于全部车轮，少数轿车只将其用于前轮，与后轮的鼓式制动器配合，使汽车在制动时有较高的方向稳定性。目前盘式制动器在新车型及高端车型中逐渐被采用。

1.盘式制动器的种类

由于盘式制动器的固定元件有多种结构形式，大体上可分为钳盘式制动器和全盘式制动器两类。

①钳盘式制动器:在钳盘式制动器中,由工作面积不大的摩擦块与金属背板组成制动块。每个制动器中一盘有 2~4 块。这些制动块及其促动装置都装在横跨制动盘两侧的夹钳形支架中,称为制动钳。钳盘式制动器散热能力强,热稳定性好,故广泛应用于大多数轿车和轻型货车上。钳盘式制动器按制动钳的结构型式可分为定钳盘式和浮钳盘式两种。

②全盘式制动器:全盘式制动器摩擦副的固定元件和旋转元件都是圆盘形的,分别称为固定盘和旋转盘。制动盘的全部工作面可同时与摩擦片接触,其结构原理与摩擦离合器相似,所以全盘式制动器具有很大的制动力。由于重型载货汽车要求有更大的制动力,因此采用全盘式制动器。

2.盘式制动器的优缺点

与鼓式制动器相比,盘式制动器工作表面为平面且两面传热,圆盘旋转容易冷却,不易发生较大变形,制动效能较为稳定,长时间使用后制动盘因高温膨胀使制动作用增强;而鼓式制动器单面传热,内外两面温差较大,导致制动鼓容易变形,同时长时间制动后,制动鼓因高温而膨胀,制动效能减弱。另外,盘式制动器结构简单,维修方便,易实现制动间隙自动调整。

盘式制动器的不足之处在于摩擦片直接作用在圆盘上,无自动摩擦增力作用,制动效能较低,所以用于液压制动系统时若所需制动管路压力较高,须另行装设动力辅助装置;兼用于驻车制动时,加装的驻车制动传动装置比鼓式制动器要复杂,因而在后轮上的应用受到限制。

盘式制动器在长期使用后,可能造成制动不良、失效和制动跑偏等故障,给汽车行驶带来安全隐患。为保证汽车制动性能的稳定和汽车的安全性,必须及时对盘式自动器进行定期检查和维护。

【任务实施】

活动准备

工、量具及辅助材料的准备

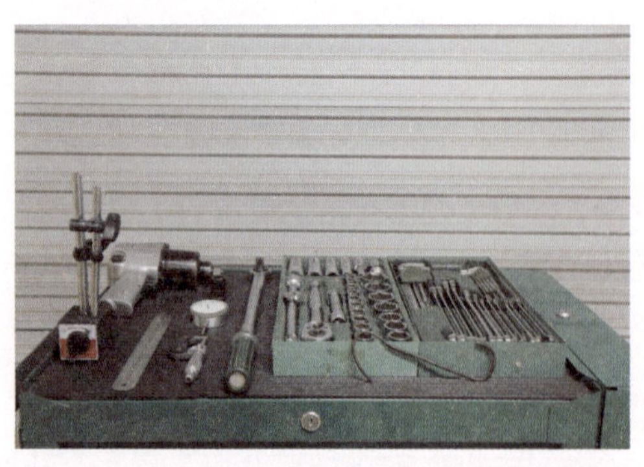

图 3-1-1

①工位准备:举升机一台、科鲁兹轿车一辆。

②工具准备:CH-6007-B 盘式制动器活塞安装工具、气动扳手、专用套筒、梅花扳手、棘轮扳手、开口扳手、“S”形挂钩、钢直尺、外径千分尺、百分表及磁力表座、扭力扳手,如图 3-1-1 所示。

③防护用品及耗材准备:手套、翼子板布、前格栅布、车内四件套、高温硅润滑脂、车轮挡块。

操作要求

①安装车轮挡块时要紧贴车轮，车轮挡块应安装在两后轮，每个轮前后各一块。

②前格栅布和翼子板布有安装方向，不能装反。

③车辆应停靠在举升机中央。

操作程序

①安装车轮挡块，如图 3-1-2 所示。

②拉起驻车制动器，将换挡杆置于 P 挡，如图 3-1-3 所示。

③安装车内四件套，如图 3-1-4 所示。

④安装前格栅布和翼子板布，如图 3-1-5 所示。

图 3-1-2

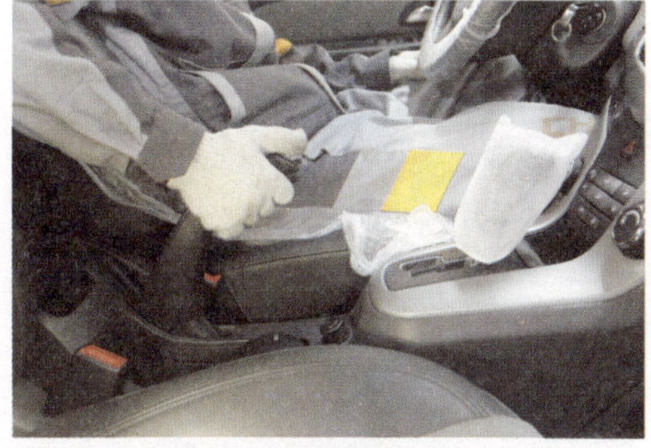

图 3-1-3

图 3-1-4

图 3-1-5

作业标准

①前格栅布和翼子板布安装牢固，并能保护好车身。

②车轮挡块与车轮无间隙。

③工、量具摆放整齐。

活动一　拆卸盘式制动器

操作要领

①举升机不得频繁起落；有人作业时严禁升降举升机；发现操作机构不灵活，电机不同步，托架不平或液压部分漏油时，应及时报修，不得带故障操作。

②使用风炮时，要注意站立姿势和位置，绝不能靠身体加压，硬打、死打，以防风炮整体逆转伤人；拆、装轮胎螺母作业时，应先行将套筒套入待拆卸螺母，清洁作业轮胎螺丝表面油污，防止打滑或移位并根据车轮螺母旋向要求，轻点开关试动，确认旋转方向正确；开机工作时，应给风炮施加一定的轴向推力，确保工作时螺母套筒不易甩出；在正式运行中，套筒没有套住螺母，严禁按动开关；工作时，身体（手）应勿接触气动扳手旋转部件，避免造成工作伤害；切勿鲁莽操作，严禁重力碰撞。

图 3-1-6

③打开制动器制动钳，用“S”形挂钩把制动钳挂在减振弹簧上，确保在操作过程中制动钳不掉落。

操作程序

①举升车辆至适当高度，如图 3-1-6 所示。

②使用气动扳手拆下轮胎和车轮总成（左/右），如图 3-1-7 所示。

③使用 10 号开口扳手卡住制动器下导销螺栓内侧，同时使用 10 号梅花扳手或者棘轮扳手加十号套筒对制动器下导销螺栓进行拆卸，如图 3-1-8 所示。

（a）

（b）

图 3-1-7

④用“S”形挂钩挂好制动钳，如图 3-1-9 所示。

⑤用手从制动钳上取下制动片和制动片固定弹簧，并且能够分辨内外制动片，如图 3-1-10 所示。

(a)

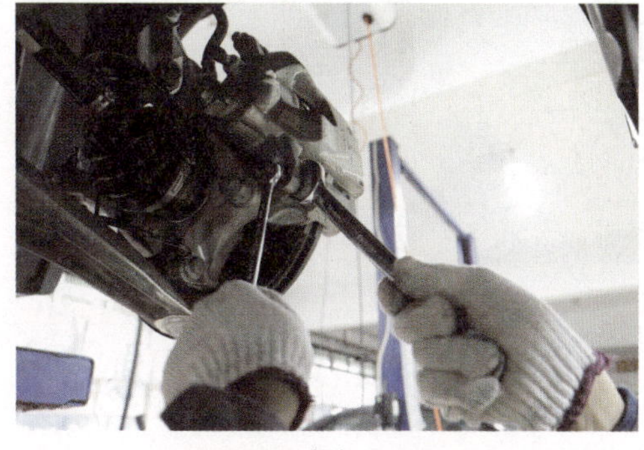

(b)

图 3-1-8

图 3-1-9

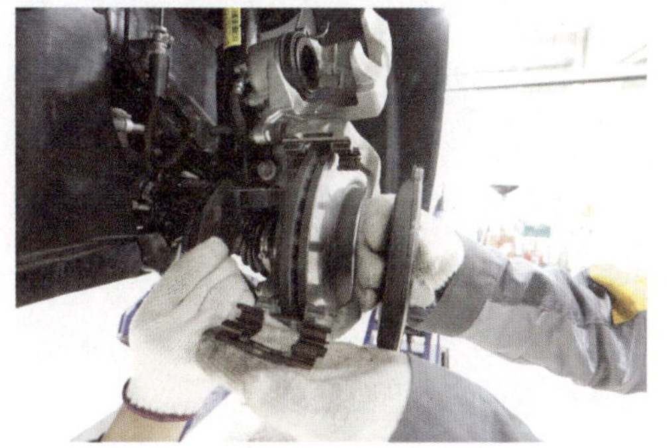

图 3-1-10

作业标准

①汽车举升平稳，无倾斜。

②正确安全使用气动扳手。

③制动钳、工具、零件不能掉落。

活动二　清洁与检测盘式制动器

操作要领

①使用外径千分尺在制动盘距离边缘 13 mm 处任选 4 个及以上点进行测量，选取最小值作为其厚度。

②不能用高压空气清洁零件。

操作程序

①检查制动钳活塞有无泄漏，如图 3-1-11 所示。

②检查制动导销是否松动、导销护套有无裂纹和损坏，如图 3-1-12 所示。用手摇动制动

钳导销，感受其是否松动，并用手按捏导销护套，观察其是否有裂纹和损坏。

图 3-1-11

图 3-1-12

③直接用眼睛观察制动盘（内外两侧）有无裂纹、沟槽或损坏，如图 3-1-13 所示。

④使用外径千分尺对制动盘厚度进行测量，要求熟练掌握外径千分尺的测量方法和读数方法，并根据测量值判断制动盘是否应该更换，如图 3-1-14 所示。

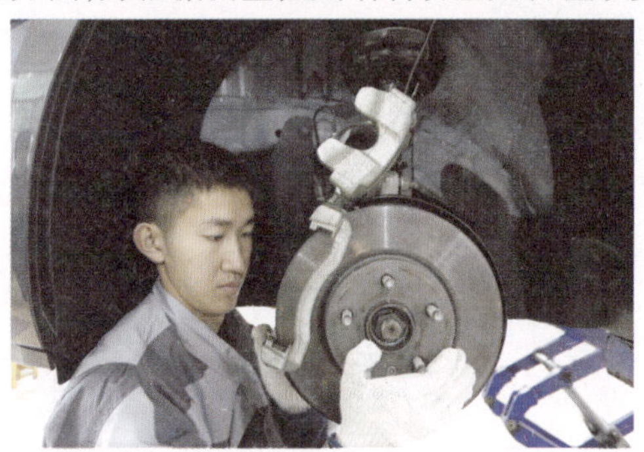

图 3-1-13

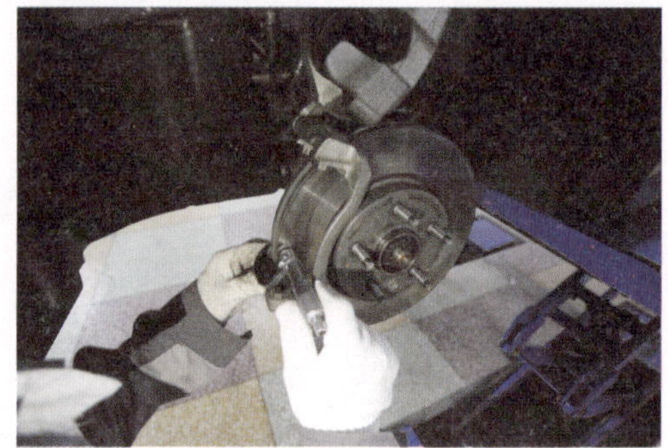

图 3-1-14

⑤使用百分表和百分表座测量制动盘横向跳动量，如图 3-1-15 所示。要求能够对百分表和表座进行安装，熟练掌握百分表的使用方法和读数方法。根据测量值判断制动盘横向跳动量是符合要求。

⑥使用钢直尺对制动片厚度进行测量，如图 3-1-16 所示。根据测量值判断制动片是否需要更换。

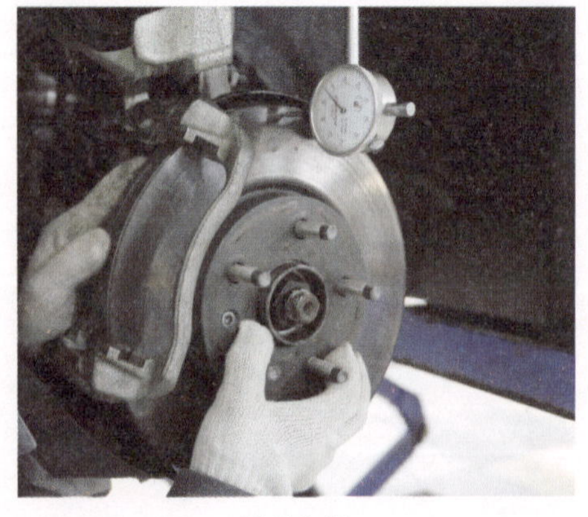

图 3-1-15

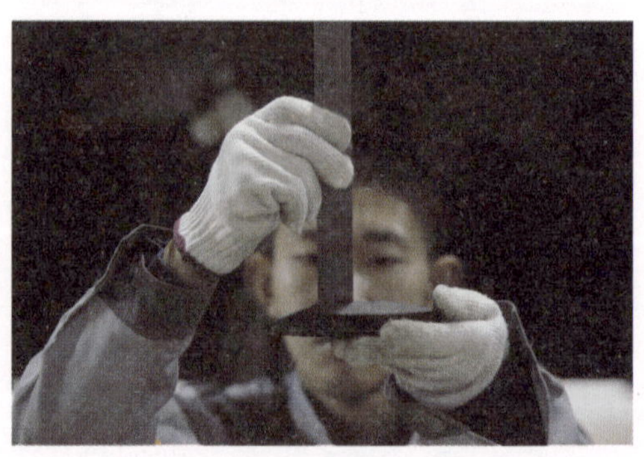

图 3-1-16

⑦用干净的抹布擦拭各零件表面,如图 3-1-17 所示。

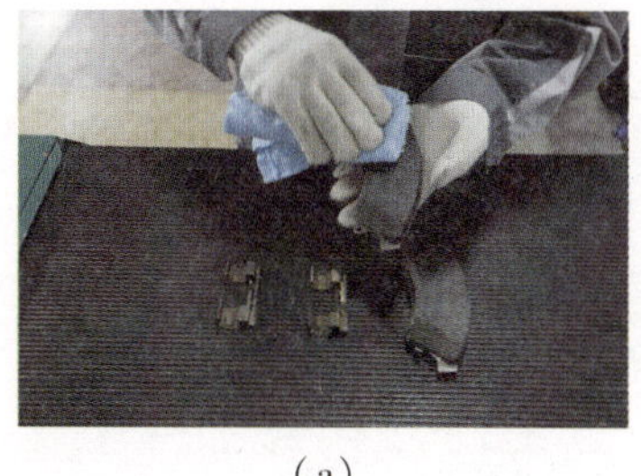
(a)

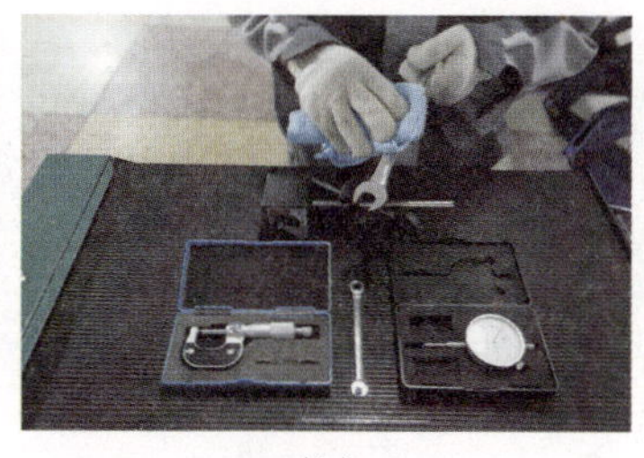
(b)

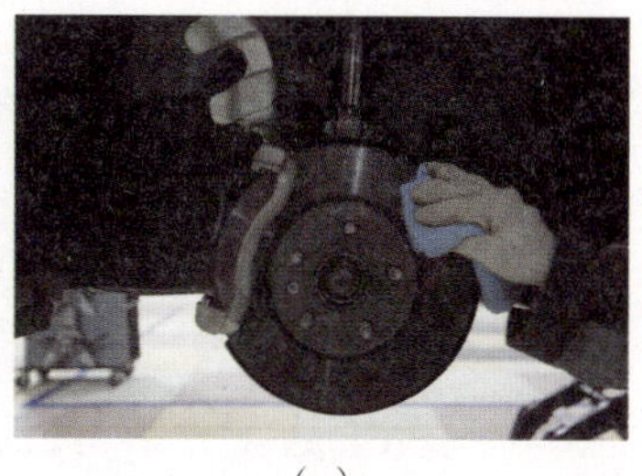
(c)

图 3-1-17

作业标准

①工、量具使用前应清洁并校零。

②各测量值应在误差允许的范围内。

活动三　安装盘式制动器

操作要领

①安装制动片时,注意内外制动片不能装反。

②轮胎螺母的安装顺序为对角线安装。

③首先按动上升按钮,使汽车稍微上升一点,然后拉动解锁拉索,最后按下泄压阀,完全降下汽车。

④先在制动片固定弹簧上涂抹高温硅润滑脂,然后安装制动片固定弹簧,再安装制动片。

⑤安装制动钳导销下螺栓时要用开口扳手卡住制动器导销下螺栓内侧并用扭力扳手进行紧固,紧固扭力为 28 N·m。

⑥轮胎螺母的紧固顺序为对角线紧固,紧固扭力为 130 N·m。

⑦制动器复位的方法:a.关闭发动机,逐渐踩下制动踏板至其行程约 2/3 处;b.缓慢地松开制动踏板;c.等待 15 s,然后再次逐渐踩下制动踏板至其行程的 2/3 处直到制动踏板坚实,这将使制动钳活塞和制动片正确就位;d.加注总泵辅助储液罐至适当液位。

操作程序

①安装制动片和制动片固定弹簧,如图 3-1-18 所示。

(a)

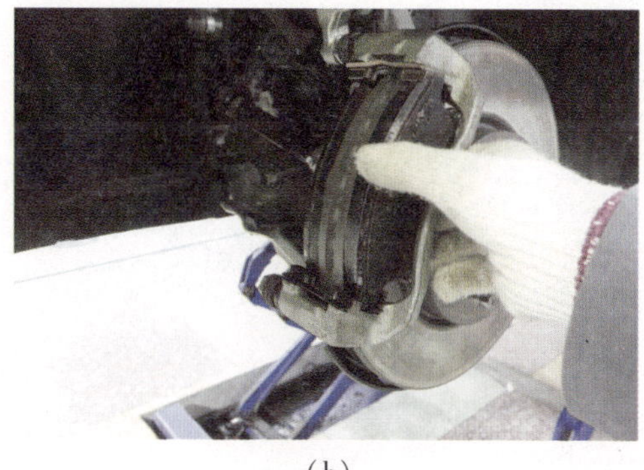
(b)

图 3-1-18

②取下“S”形挂钩，放下制动钳并扣好，然后安装制动钳导销下螺栓并紧固，如图 3-1-19 所示。

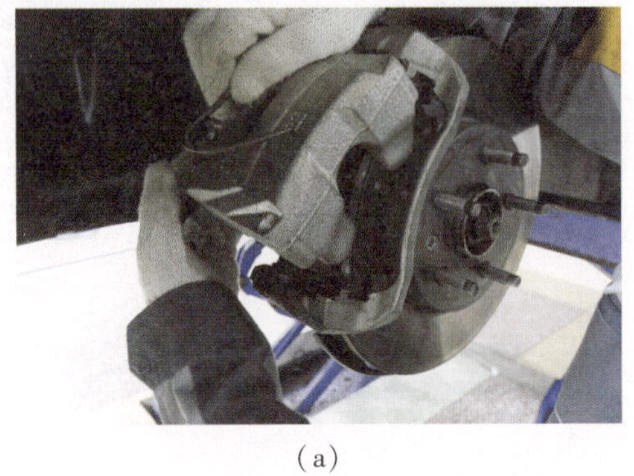
(a)

(b)

图 3-1-19

③使用气动扳手安装轮胎和车轮总成，如图 3-1-20 所示。

④降下车辆，如图 3-1-21 所示。

⑤再次紧固车轮螺母，如图 3-1-22 所示。

⑥制动器复位，如图 3-1-23 所示。

(a)

(b)

图 3-1-20

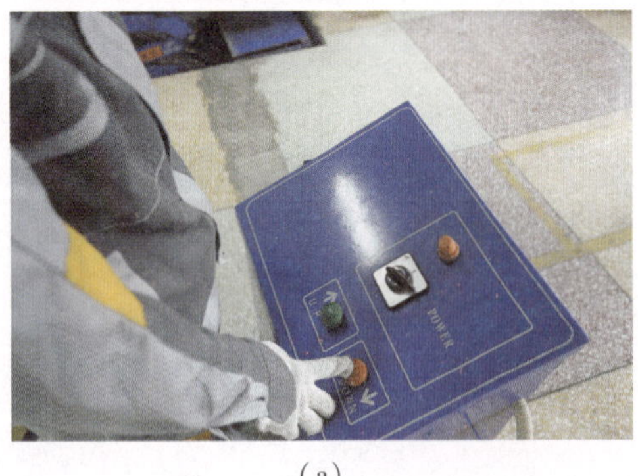
(a)

(b)

图 3-1-21

作业标准

①制动片安装前应在制动片固定弹簧上涂抹高温硅润滑脂。

图 3-1-22

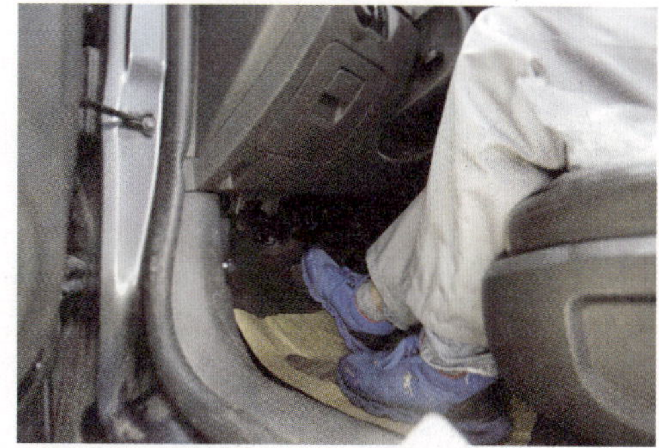
图 3-1-23

②安装制动钳导销下螺栓时，紧固扭力为 28 N·m。
③制动钳和制动片就位。
④制动总泵辅助储液罐液位在标准范围内。

活动后复位

操作要求

①回收一次性车内四件套，手套、毛巾等不可回收物品应放入指定地点。
②清洁车身应用干净的毛巾。
③工、量具应清洁干净并复原位。

操作程序

①拆卸前格栅布和翼子板布，如图 3-1-24 所示。
②拆卸车内四件套，如图 3-1-25 所示。
③拆卸车轮挡块，如图 3-1-26 所示。
④清洁车身，如图 3-1-27 所示。
⑤整理工、量具，如图 3-1-28 所示。

图 3-1-24

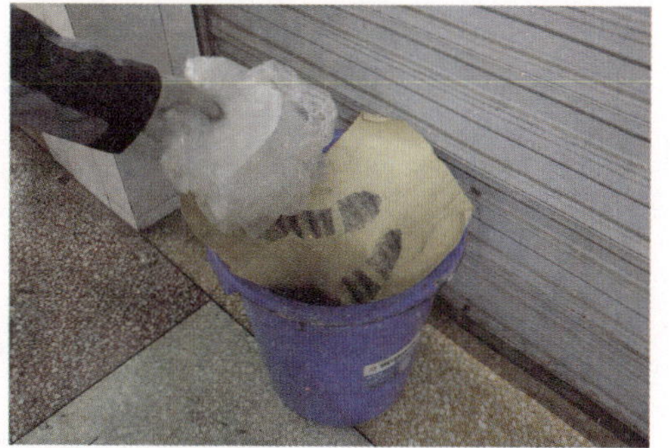
图 3-1-25

作业标准

①前格栅布和翼子板布拆卸后要摆放整齐。

②废物应分类放置。

图 3-1-26

图 3-1-27

图 3-1-28

/任务二/ 检查和维护鼓式制动器

【任务目标】

知识目标

能说出鼓式制动器的类型；

能说明鼓式制动器的优缺点；

能识记鼓式制动器的组成；

能说出鼓式制动器的常见维护方式。

技能目标

会拆卸鼓式制动器；

会检测鼓式制动器；

会装配鼓式制动器。

【相关知识】

鼓式制动器也称为块式制动器,是靠制动块在制动轮上压紧来实现刹车的。鼓式制动器主要是内张式,它的制动块(刹车蹄)位于制动轮内侧,在刹车的时候制动块向外张开,摩擦制动轮的内侧,达到刹车的目的。目前,鼓式制动器在轿车领域中已经逐步退出让位给盘式制动器。但由于它成本比较低,仍然在一些经济类轿车中使用,主要用于制动负荷比较小的后轮和驻车制动。

1.鼓式制动器的优点

鼓式制动器造价便宜,而且符合传统设计。四轮轿车在制动过程中,由于惯性的作用,前轮的负荷通常占汽车全部负荷的70%~80%,前轮制动力要比后轮大,后轮起辅助制动作用,因此轿车生产厂家为了节省成本,就采用前盘后鼓的制动方式。不过对于重型车来说,由于车速一般不是很高,而鼓式制动器的刹车蹄耐用程度比盘式制动器高,因此许多重型车至今仍使用四轮鼓式制动器的设计。

2.鼓式制动器的缺点

鼓式制动器的制动效能和散热性比较差,稳定性也差,在不同路面上制动力的变化很大,不易掌控。而且由于散热性能差,在制动过程中会聚集大量的热量,使制动块和轮鼓在高温影响下较易发生极为复杂的变形,容易产生制动衰退和振抖现象,引起制动效率下降。另外,鼓式制动器在使用一段时间后,要定期调校刹车蹄的空隙,甚至要把整个刹车鼓拆出并清理累积在内的刹车粉。

3.鼓式制动器的维护

鼓式制动器最常见的维修是更换制动蹄。一些鼓式制动器的背面提供了一个检查孔,可以通过这个孔查看制动蹄上还剩下多少摩擦材料。当摩擦材料已磨损到铆钉只剩下0.8 mm长时,应更换制动蹄。如果摩擦材料是与后底板粘合在一起的(不是用铆钉),则当剩余的摩擦材料仅为1.6 mm厚时,应更换制动蹄。

与盘式制动器的情况相同,制动鼓中有时会磨损出很深的划痕。如果磨损完的制动蹄使用时间太长,将摩擦材料固定在后部的铆钉会把鼓磨出凹槽。出现严重划痕的鼓有时可以通过重新打磨来修复。

【任务实施】

活动准备

工、量具及辅助材料的准备

①工位准备:举升机一台、科鲁兹轿车一辆。

②工具准备:气动扳手、扭力扳手、专用套筒、平口起子、尖嘴钳、鲤鱼钳、Ⅲ型游标卡尺、

图 3-2-1

闸瓦卡尺、虎台钳、花形扳手,如图 3-2-1 所示。

③防护用品及耗材准备:手套、翼子板布、前格栅布、车内四件套、粗砂纸、车轮挡块。

操作要求

①安装车轮挡块时要紧贴车轮,安装在两后轮,每个轮前后各一块。

②前格栅布和翼子板布有安装方向,不能装反。

③车辆应停靠在举升机中央。

操作程序

①安装车轮挡块。

②拉起驻车制动器,将换挡杆置于 P 挡。

③安装车内四件套。

④安装前格栅布和翼子板布。

作业标准

①前格栅布和翼子板布安装牢固,并能保护好车身。

②车轮挡块与车轮无间隙。

③工、量具摆放整齐。

活动一　拆卸鼓式制动器

操作要领

①举升机不得频繁起落;有人作业时严禁升降举升机;发现操作机构不灵活,电机不同步,托架不平或液压部分漏油,应及时报修,不得带故障操作。

②使用风炮时,要注意站立姿势和位置,绝不能靠身体加压,硬打、死打,以防风炮整体逆转伤人;拆、装轮胎螺母作业时,应先行将套筒套入待拆卸螺母,清洁作业轮胎螺丝表面油污,防止打滑或移位并根据车轮螺母旋向要求,轻点开关试动,确认旋转方向正确;开机工作时,应给风炮施加一定的轴向推力,确保工作时螺母套筒不易甩出;在正式运行,套筒没有套住螺母,严禁按动开关,工作时,身体(手)切勿接触气动扳手旋转部件,避免造成工作伤害;切勿鲁莽操作,严禁重力碰撞。

③拆下制动鼓时,注意防止制动鼓掉落。

④气动扳手的使用方法:a.给气动扳手连接动力,一只手拿着气管接头,另一只手拿着气动扳手,把接头上的圆环向下拉,把气管插上。接头上的圆环只有置于下拉状态才能接上,拔掉的时候也需要把圆环向下拉。b.安装装套筒,选择与轮胎螺母一样型号的套筒安装在气动扳手上。c.通过气动扳手上的旋钮选择旋转方向和合适的挡位(5 挡、左旋)。

⑤按照对角线对车轮螺母分两次拆卸。

⑥制动鼓拆卸的方法：a.取下轮毂盖。b.取下开口销，旋下后车轮轴承上的六角螺母，取出止推垫圈。c.螺丝刀通过制动鼓螺孔向上拨动楔形块，使制动蹄与制动鼓松动。d.拆下制动鼓。

图 3-2-2

操作要求

①举升车辆至适当高度，如图 3-2-2 所示。

②使用气动扳手拆下后轮胎和车轮总成（左/右），如图 3-2-3 所示。

③拆卸制动鼓，如图 3-2-4 所示。

（a）

（b）

图 3-2-3

（a）

（b）

图 3-2-4

作业标准

①汽车举升平稳，无倾斜。

②正确安全使用气动扳手。

③制动鼓、工具、零件不能掉落。

活动二　清洁、检测鼓式制动器

操作要领

①在测量制动鼓直径时,务必确保仅在制动蹄摩擦衬片的接触部位进行测量。每次测量时,千分尺都必须放置在距离制动鼓外边缘的同等距离。

②制动蹄不能掉落。

③注意避免制动蹄弹簧伤人。

④将制动鼓清洁干净后,用眼睛观察制动鼓表面是否有裂纹、锈蚀、变形或磨损起槽。

⑤制动鼓的检测方法:a.用工业酒精或同等制动器清洗剂,清洁制动鼓的制动蹄摩擦衬片接触面。b.使用精度达到千分之一英寸级的制动鼓千分尺测量并记录制动鼓圆周上均匀分布的 4 个或更多个点的最大直径。c.将记录的最大直径测量值与制动鼓部件规格相比较。

⑥新制动鼓的直径为 254 mm,报废制动鼓的直径为 256 mm。

⑦科鲁兹蹄鼓间隙标准值为 0.4~0.9 mm。

⑧制动蹄拆卸方法:a.用鲤鱼钳取下制动蹄定位销弹簧座。b.用手提起制动蹄,取下回位弹簧。c.取下制动杆上的驻车制动拉索。d.用鲤鱼钳取下楔形件的回位弹簧和上回位弹簧。e.把压力杆的制动蹄卡紧在虎台钳上,拆下弹簧、楔形块等,取下制动蹄。

⑨制动蹄摩擦衬片检查方法:a.使用 CH 230 量规测量制动蹄摩擦衬片的厚度。b.将记录的制动蹄摩擦衬片厚度与制动鼓部件规格做比较。c.如果制动蹄摩擦衬片厚度小于规定值或发现瑕疵,则更换摩擦衬片。

⑩制动蹄摩擦衬片的最小厚度为 1.6 mm。

操作程序

①检查制动鼓表面情况,如图 3-2-5 所示。

②测量制动鼓直径,如图 3-2-6 所示。根据测量值判断是否需要更换制动鼓。

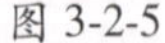

图 3-2-5

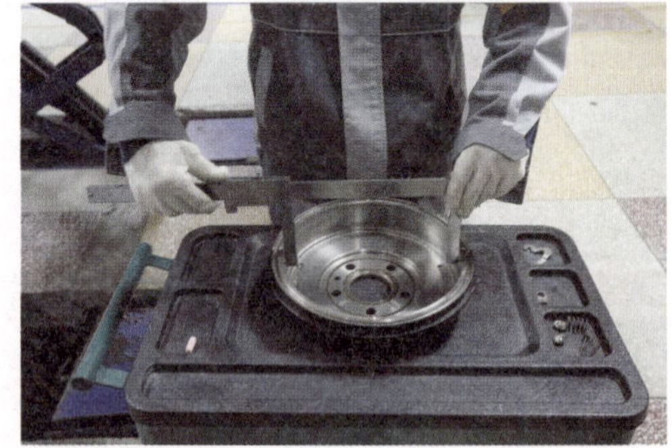

图 3-2-6

③使用目视法检查制动分泵有无漏油、护套有无裂纹和损坏、活塞有无卡滞现象,如图 3-2-7 所示。

④用Ⅲ型游标卡尺测量制动蹄直径,并计算其与制动鼓的间隙,如图 3-2-8 所示。

图 3-2-7

图 3-2-8

⑤检查制动蹄摩擦衬片，如图 3-2-9 所示。根据测量值判断是否需要更换摩擦衬片。

⑥检查制动器调解弹簧有无缺失、弯曲、裂纹或严重锈蚀，如图 3-2-10 所示。

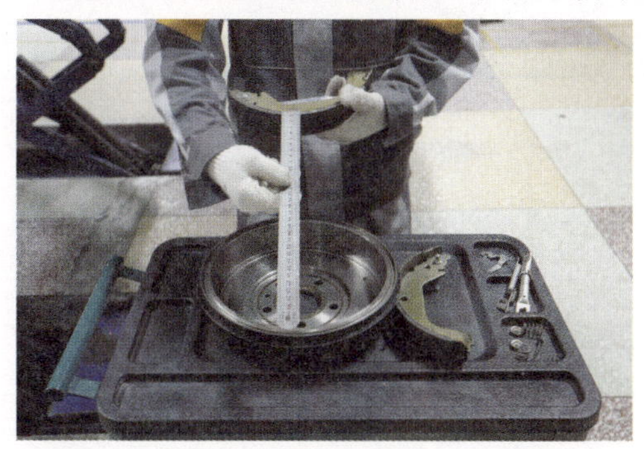

图 3-2-9

图 3-2-10

⑦检查制动器调解总成有无弯曲、裂纹、过度磨损、损坏或缺齿，如图 3-2-11 所示。

图 3-2-11

作业标准

①各项检测需完整，不能遗漏。

②制动鼓、制动蹄直径测量必须在误差允许范围内。

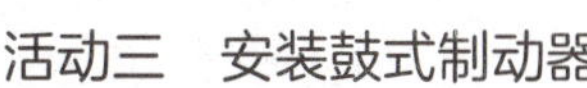

活动三　安装鼓式制动器

操作要领

①制动鼓螺钉紧固力矩为 7 N·m。

②在升降车辆时，首先按上升按钮，使汽车稍微上升一点，然后拉动解锁拉索，最后按下泄压阀，使车辆下降到适当的高度。

③制动器的调整方法是恢复制动器蹄片与蹄鼓之间的间隙。

④汽车轮胎螺母安装顺序为对角线安装。

⑤汽车轮胎分两次紧固，紧固顺序为对角线紧固，紧固扭力为 130 N·m。

⑥降车时，必须先解锁。

⑦车辆完全降完后，必须拉紧驻车制动器。

操作要求

①安装制动鼓并紧固制动鼓螺钉，如图 3-2-12 所示。

(a)

(b)

图 3-2-12

②适当降低车辆，如图 3-2-13 所示。

> ☆ **提示**
>
> 车轮不能着地，高度只需降到方便人进入驾驶室内即可。

③进行制动器的调整，如图 3-2-14 所示。

图 3-2-13

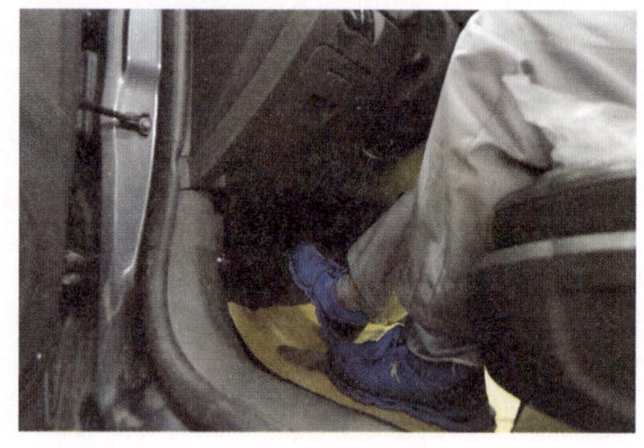

图 3-2-14

④使用气动扳手安装轮胎和车轮总成，如图 3-2-15 所示。

⑤完全降下车辆，如图 3-2-16 所示。

⑥进入驾驶室，拉起驻车制动器拉杆，如图 3-2-17 所示。

⑦再次紧固车轮螺母，如图 3-2-18 所示。

作业标准

①制动鼓螺钉紧固力矩为 7 N · m。

②汽车轮胎螺母安装顺序为对角线安装。

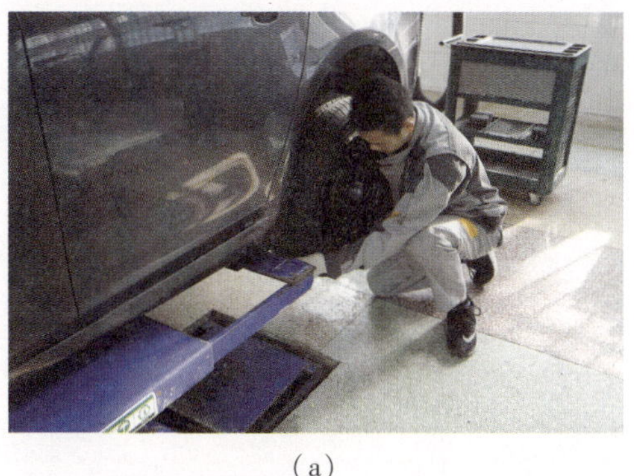

(a)

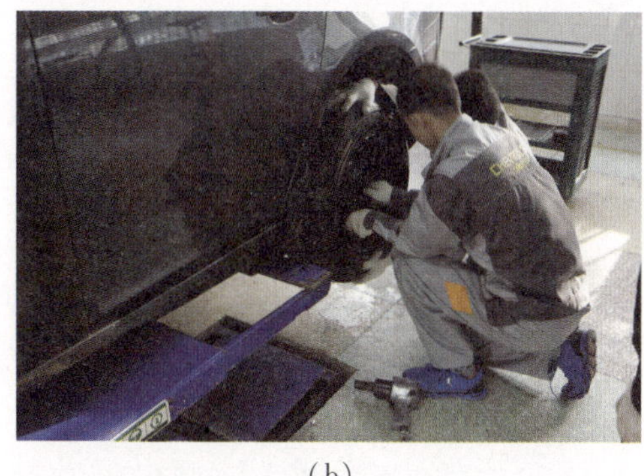

(b)

图 3-2-15

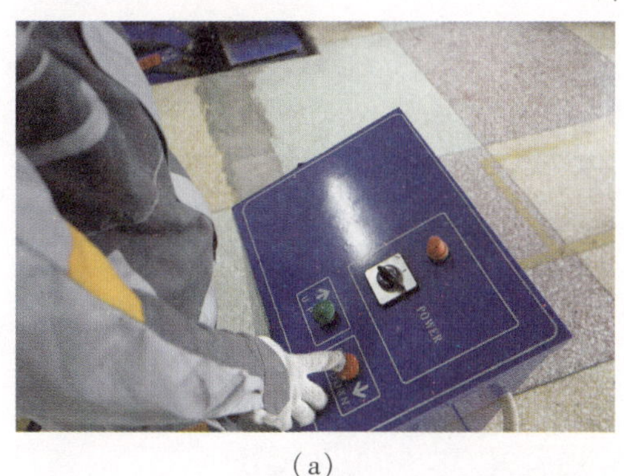

(a)

(b)

图 3-2-16

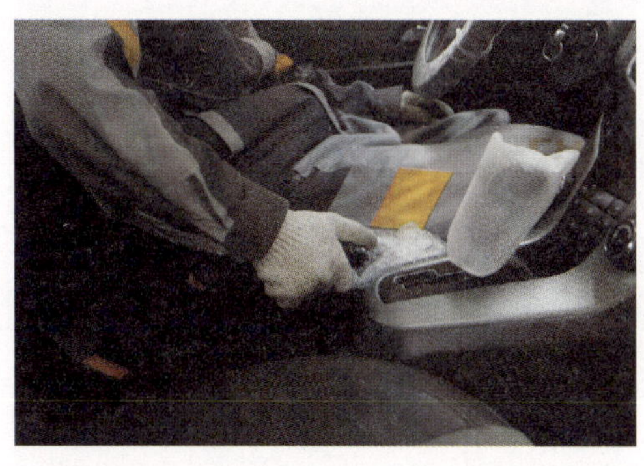

图 3-2-17

图 3-2-18

③汽车轮胎分两次紧固，紧固顺序为对角线紧固，紧固扭力为 130 N · m。

④正确、安全、熟练地使用工具。

活动后复位

操作要求

①回收一次性车内四件套，手套、毛巾等不可回收物品应放在指定地点。

②清洁车身应用干净的毛巾。

③工、量具应清洁干净并复原位。

操作程序

①拆卸前格栅布和翼子板布。

②拆卸车内四件套。

③拆卸车轮挡块。

④清洁车身。

⑤整理工、量具。

作业标准

①前格栅布和翼子板布拆卸后要摆放整齐。

②废物应分类放置。

/任务三/　检查及更换制动液

【任务目标】

知识目标

能说出制动液的作用；

能说出制动液的类型；

能阐述制动液的特性；

能阐述更换制动液的要求。

技能目标

会更换汽车制动液；

会对制动管路进行放气。

【相关知识】

液压制动(刹车)液是用于液压制动系统中传剃压力以制止车轮转动的一种功能性液体,其制动工作压力一般为 2 MPa,高的可达 4~5 MPa。它具有不可压缩的特性,在密封的容器中或充满液体的管路中,当液体受到压力时,便会很快地、均匀地把压力传至液体的各个部分。液压制动便是利用这个原理来进行工作的。

1.制动液的类型

制动液有 3 种类型。在选购时要选择可靠的厂家,并且级别越高越好。

①蓖麻油-醇型:由 45%~55%精制的蓖麻油和 45%~55%低碳醇(乙醇或丁醇)调配而成,经沉淀获得无色或浅黄色清彻透明的液体,即醇型汽车制动液。蓖麻油加乙醇为醇型 1 号,蓖麻油加丁醇为醇型 3 号。

②合成型：用醚、醇、酯等掺入润滑、抗氧化、防锈、抗橡胶溶胀等添加剂制成。

③矿油型：用精制的轻柴油馏分后加入稠化剂和其他添加剂制成。

2.制动液的性能指标

由于制动液的优劣直接关系刹车的可靠程度，因此制动液的选购非常重要。

我国现行的制动液标准《机动车辆制动液》（GB 12981—2012）为强制性标准，共有 15 项技术指标要求，分别是外观、平衡回流沸点、湿平衡回流沸点、运动黏度（100 ℃、-40 ℃）、pH 值、液体稳定性、腐蚀性、低温流动性、蒸发性能、溶水性、液体相容性、抗氧化性、橡胶相容性、行程模拟性能和防锈性能。

合格达标的制动液有几个特性：

①在高温、严寒、高速、湿热等工况条件下保证灵活传递制动力。

②对刹车系统的金属和非金属材料没有腐蚀性。

③能够有效润滑刹车系统的运动部件，延长刹车分泵和皮碗的使用寿命。

对制动液的性能要求是：

①黏温性好，凝固点低，低温流动性好。

②沸点高，高温下不产生气阻。

③使用过程中品质变化小，不引起金属件和橡胶件的腐蚀和变质。

汽车制动液有一定的吸湿性，在使用一段时间后，会因吸入水分而使其沸点降低，易在制动时形成气阻，使制动失灵，因此应在到达规定的使用期限（2 年）时更换制动液。

【任务实施】

活动准备

工、量具及辅助材料的准备

①工位准备：举升机一台、科鲁兹轿车一辆。

②工具准备：梅花扳手、扭力扳手、开口扳手（10 mm）、制动液更换工具、透明软管、注射器，如图 3-3-1 所示。

③防护用品及耗材准备：手套、翼子板布、前格栅布、车内四件套、制动液、车轮挡块。

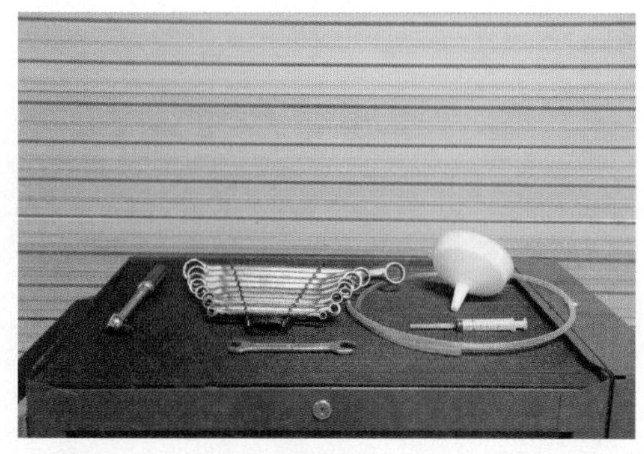

图 3-3-1

操作要求

①安装车轮挡块时要紧贴车轮，安装在两后轮，每个轮前后各一块。

②前格栅布和翼子板布有安装方向，不能装反。

③车辆应停靠在举升机中央。

操作程序

①安装车轮挡块，如图 3-3-2 所示。

②拉起驻车制动器,将换挡杆置于 P 挡,如图 3-3-3 所示。

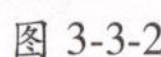

图 3-3-2

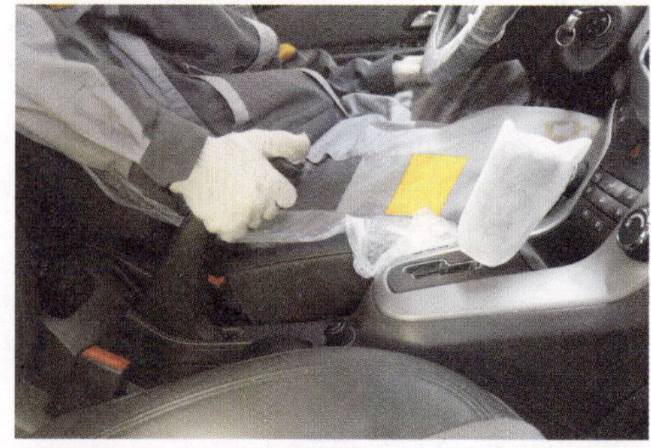

图 3-3-3

③安装车内四件套,如图 3-3-4 所示。

④安装前格栅布和翼子板布,如图 3-3-5 所示。

图 3-3-4

图 3-3-5

作业标准

①前格栅布和翼子板布安装牢固,并能保护好车身。

②车轮挡块与车轮无间隙。

③工、量具摆放整齐。

活动　更换制动液

操作要领

①尽可能使用优质制动液。劣质制动液沸点低,夏季长期制动控制车速时,制动液温度短时间超过其沸点达 100 ℃以上,容易产生气阻,造成局部制动失效。

②注意制动液不要溅出。

③所添加的新制动液必须为 GM 推荐的制动液或同等 DOT4+制动液,且与原制动液相同。

④透明软管与放气阀连接紧固,不能脱落。

⑤踩下制动踏板一定要缓慢,以免制动液溅出容器。

⑥松开制动踏板时要先拧紧放气阀后,再松开制动踏板。

⑦助手在踩下和松开制动踏板时，应注意踩下和松开踏板时的感觉，若感觉滞软，需拧紧放气阀。

⑧在排放制动液的过程中，随时观察制动总泵储液罐内的制动液液面，若不足，需添加。

操作要求

①使用注射器吸出制动总泵储液罐内的制动液，如图 3-3-6 所示。

②向制动总泵储液罐内添加新的制动液至上限，如图 3-3-7 所示。

③助手进入驾驶室内并启动发动机，如图 3-3-8 所示。

(a)

(b)

图 3-3-6

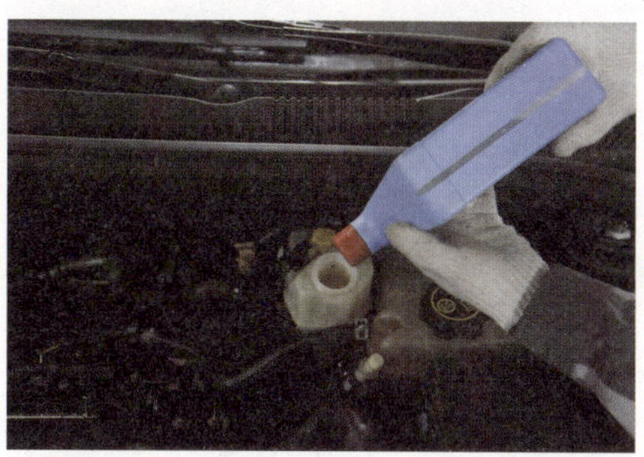

图 3-3-7

图 3-3-8

④举升车辆至适当高度，如图 3-3-9 所示。

⑤将透明软管安装至左右车轮放气阀端口，如图 3-3-10 所示。

⑥让助手缓慢地将制动踏板踩到底并在踏板上保持稳定的压力，如图 3-3-11 所示。

⑦使用 10 mm 的扳手松开放气阀，直到无制动液流出，再拧紧放气阀，如图 3-3-12 所示。

图 3-3-9

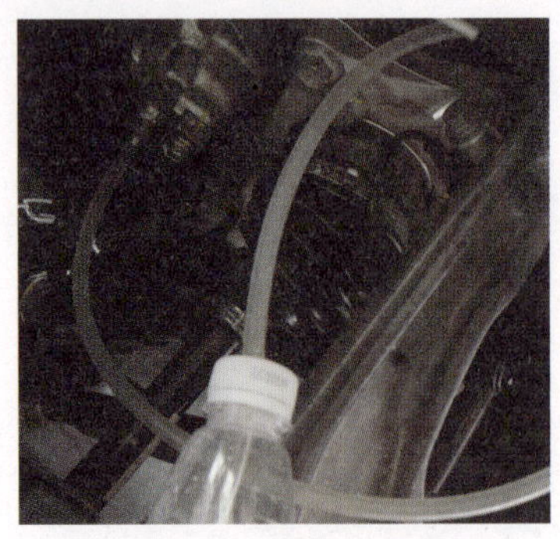
图 3-3-10

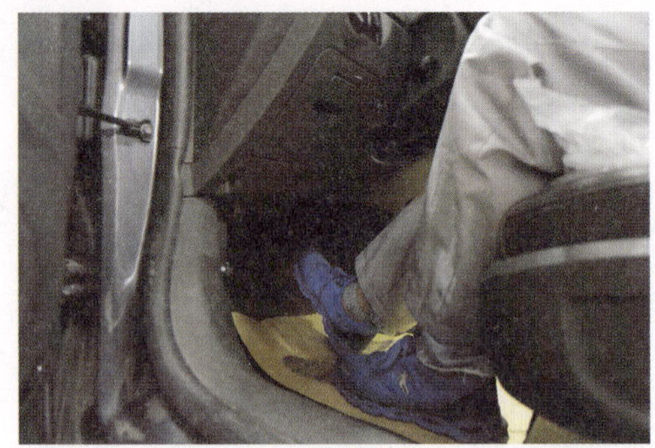
图 3-3-11

⑧让助手缓慢地松开制动踏板,如图 3-3-13 所示。

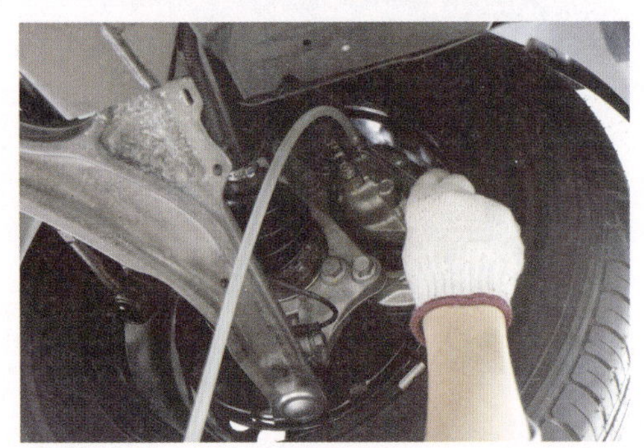
图 3-3-12

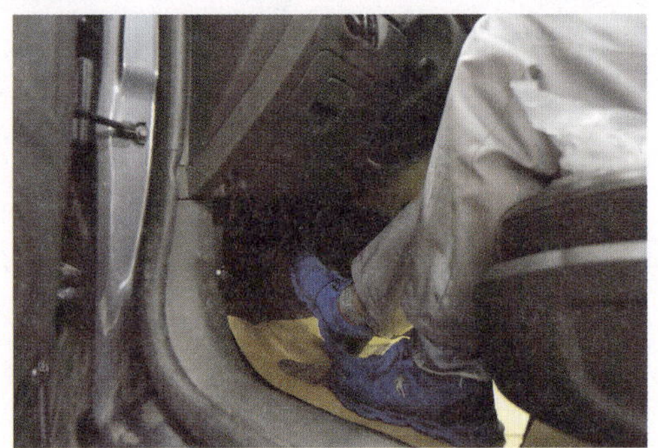
图 3-3-13

⑨等待 15 s,然后重复步骤⑥~⑧,直到放气阀端口无气泡排除。

⑩重复步骤⑤~⑨,依次对左前轮、左后轮、右前轮进行旧制动液的排放。

⑪降下车辆,关闭发动机,如图 3-3-14 所示。

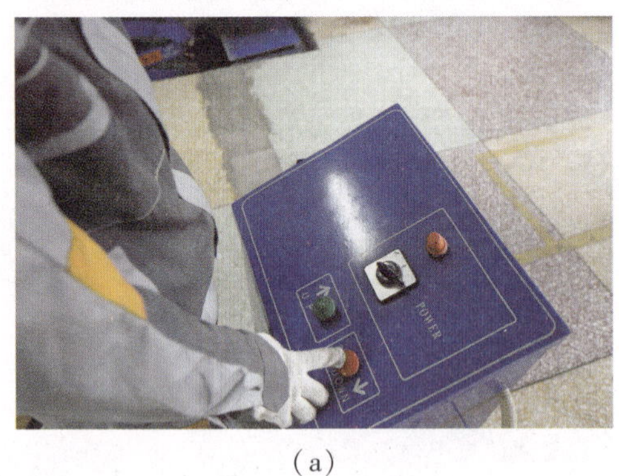
(a)

(b)

图 3-3-14

⑫再次检查制动液液位,若不正确需调整,如图 3-3-15 所示。

作业标准

①制动液要用专门的容器盛装。

②操作过程中注意制动液不能溅出。

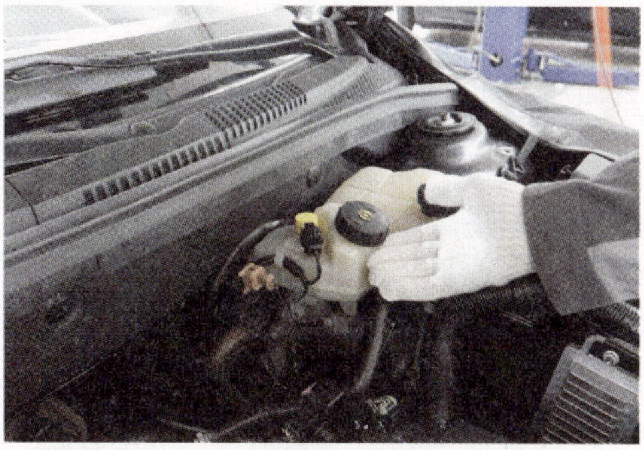

③采用安全规范启动发动机。

④全紧固放气阀,紧固力矩为 17 N · m

⑤更换制动液后,制动液液位应在 MIN 和 MAX 之间。

图 3-3-15

活动后复位

操作要求

①回收一次性车内四件套,手套、毛巾等不可回收物品应放入指定地点。

②清洁车身应用干净的毛巾。

③工、量具应清洁干净并复原位。

操作程序

①拆卸前格栅布和翼子板布。

②拆卸车内四件套。

③拆卸车轮挡块。

④清洁车身。

⑤整理工、量具。

作业标准

①前格栅布和翼子板布拆卸后要摆放整齐。

②废物应分类放置。

/任务四/　驻车制动器的维护

【任务目标】

知识目标

能说出驻车制动器的作用;

能阐述检查驻车制动器的操作方法;

技能目标

会检查驻车制动器。

【相关知识】

1.驻车制动器的作用

驻车制动器,通常是指机动车辆安装的手动刹车,简称手刹。驻车制动器是在车辆停稳后用于稳定车辆,避免车辆在斜坡路面停车时由于溜车造成事故。常见的驻车制动器一般置于驾驶员右手下垂位置,便于使用。

2.解除驻车制动器的方法

在准备开动汽车时,应在松开驻车制动之前先将变速杆从“P”(停车)挡换出来。不得在开动汽车时拉紧驻车制动器,否则会因过热使后刹车作用下降,缩短制动器寿命或产生永久性制动器损坏。

3.驻车制动器的故障

如果驻车制动器不能稳定地制动汽车,或不能完全松开,则应立即要求经销商或服务站进行检查。驻车时,确保使手动变速器汽车的换挡杆处于空挡:使自动变速器汽车的变速杆处于“P”(驻车挡)位置或“N”(空挡)位置,而且绝大多数自动变速器汽车只有“P”挡时才能拔出汽车点火钥匙。如无特殊情况,严禁汽车变速器在前进挡(D,S,L 或带阿拉伯数字等)或倒挡(R)位置时进行驻车行为。

【任务实施】

活动准备

工、量具及辅助材料的准备

①工位准备:举升机一台、科鲁兹轿车一辆。

②工具准备:钢直尺,如图 3-4-1 所示。

③防护用品及耗材准备:手套、翼子板布、前格栅布、车内四件套、车轮挡块。

图 3-4-1

操作要求

①安装车轮挡块时要紧贴车轮，安装在两后轮，每个轮前后各一块。

②前格栅布和翼子板布有安装方向，不能装反。

③车辆应停靠在举升机中央。

操作程序

①安装车轮挡块，如图 3-4-2 所示。

②拉起驻车制动器，将换挡杆置于 P 挡，如图 3-4-3 所示。

图 3-4-2

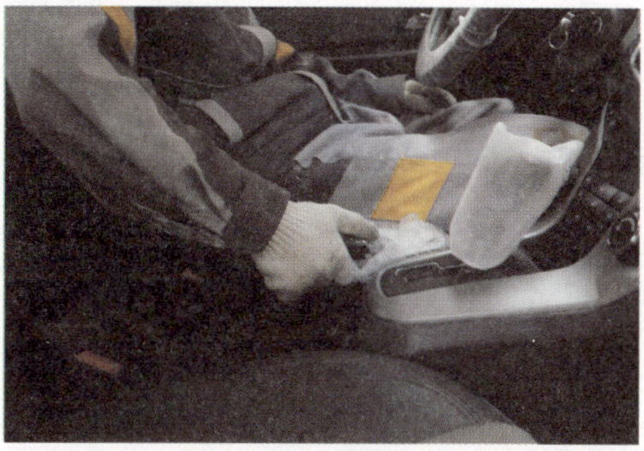

图 3-4-3

③安装车内四件套，如图 3-4-4 所示。

④安装前格栅布和翼子板布，如图 3-4-5 所示。

图 3-4-4

图 3-4-5

作业标准

①前格栅布和翼子板布安装牢固，并能保护好车身。

②车轮挡块与车轮无间隙。

③工、量具摆放整齐。

活动　检查驻车制动器

操作要领

①不启动发动机。

②完全拉紧驻车制动器操纵杆，其行程应小于总行程的 3/4 为合格，否则应对拉线长度

进行调整或更换拉线。

操作要求

①不启动发动机,使点火开关处于 ON 挡,如图 3-4-6 所示。

②检查驻车制动器锁止齿轮是否损坏或磨损,如图 3-4-7 所示。

③检查驻车制动器拉锁动作是否顺畅,是否有异响,如图 3-4-8 所示。

④检查驻车指示灯工作情况,如图 3-4-9 所示。

⑤检查驻车制动器操纵杆行程,如图 3-4-10 所示。

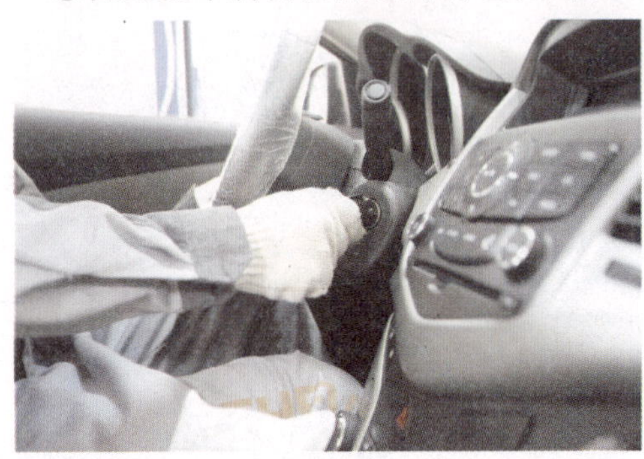

图 3-4-6

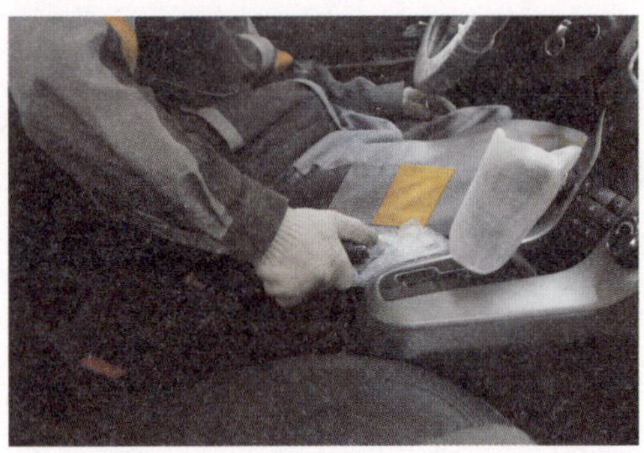

图 3-4-7

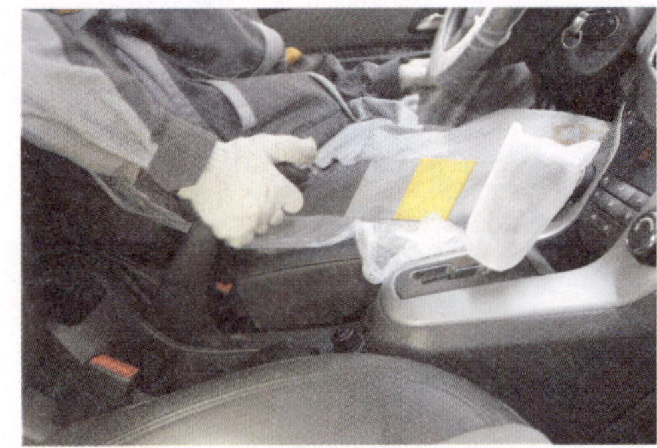

图 3-4-8

图 3-4-9

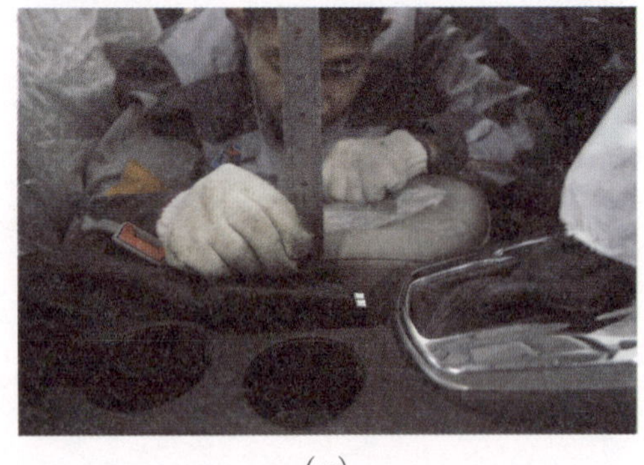

(a)

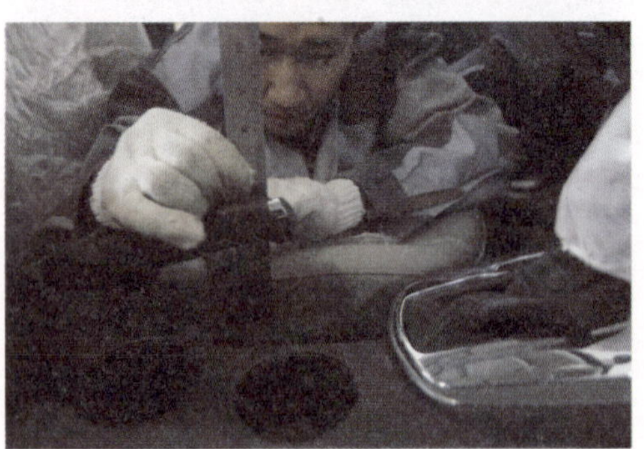

(b)

图 3-4-10

⑥将点火开关置于 LOCK 挡，取下车钥匙，如图 3-4-11 所示。

图 3-4-11

作业标准

①点火开关应置于 ON 挡，而不是 START 挡。

②检查驻车制动器行程时，要拉动驻车制动器操纵杆直至不能拉动。

③完全拉紧驻车制动器操纵杆，其行程小于总行程的 3/4 为合格，否则应对拉线长度进行调整或更换拉线。

活动后复位

操作要求

①回收一次性车内四件套，手套、毛巾等不可回收物品应放在指定地点。

②清洁车身应用干净的毛巾。

③工、量具应清洁干净并复原位。

操作程序

①拆卸前格栅布和翼子板布。

②拆卸车内四件套。

③拆卸车轮挡块。

④清洁车身。

⑤整理工、量具。

作业标准

①前格栅布和翼子板布拆卸后要摆放整齐。

②废物应分类放置。

/ 任务五 /　轮胎的维护

【任务目标】

知识目标

能说出汽车轮胎的作用；

能识记汽车轮胎的类型；

能说明汽车轮胎的结构。

技能目标

会更换轮胎;

会检查轮胎。

【相关知识】

轮胎是在各种车辆或机械上装配的接地滚动的圆环形弹性橡胶制品。轮胎通常安装在金属轮辋上,能支承车身,缓冲外界冲击,实现与路面的接触并保证车辆的行驶性能。轮胎常在复杂和苛刻的条件下使用,它在行驶时承受着各种变形、负荷、力以及高低温作用,因此必须具有较高的承载性能、牵引性能、缓冲性能。同时,还要求具备高耐磨性和耐屈挠性,以及低的滚动阻力与生热性。

1.轮胎的作用

轮胎是汽车上最重要的组成部件之一,它的作用主要有:

①支持车辆的全部质量,承受汽车的负荷,并传递其他方向的力和力矩。

②传送牵引和制动的扭力,保证车轮和路面之间有良好的附着性,以提高汽车的动力性、制动性和通过性;与汽车悬架共同缓和汽车行驶时所受到的冲击,并衰减由此而产生的振动。

③防止汽车零部件受到剧烈震动和早期损坏,适应车辆的高速性能并降低行驶时的噪音,保证行驶的安全性、操纵稳定性、舒适性和节能经济性。

2.轮胎的类型

汽车轮胎按胎体结构不同可分为充气轮胎和实心轮胎。现代汽车绝大多数采用充气轮胎。按胎内空气压力的高低,充气轮胎可分为高压胎、低压胎和超低压胎 3 种。各类汽车普遍采用低压胎。充气轮胎按组成结构不同,又可分为有内胎轮胎和无内胎轮胎两种。轿车普遍采用无内胎轮胎。按轮胎内部帘布层和缓冲层的排列方式不同,轮胎又可分为子午线轮胎和斜交轮胎两种。汽车上普遍采用的是子午线轮胎。轮胎侧面均有标注。

3.轮胎的结构

轮胎通常由外胎、内胎、垫带 3 部分组成。也有不需要内胎的轮胎,其胎体内层有气密性好的橡胶层,需配专用的轮辋。世界各国轮胎的结构,都向无内胎、子午线结构、扁平(轮胎断面高与宽的比值小)和轻量化的方向发展。

【任务实施】

活动准备

工、量具及辅助材料的准备

①工位准备:举升机一台、科鲁兹轿车一辆。

②工具准备：气动扳手、扭力扳手、专用套筒、胎纹深度尺、气压表、起子、尖嘴钳，如图 3-5-1所示。

③防护用品及耗材准备：手套、翼子板布、前格栅布、车内四件套、肥皂水、车轮挡块。

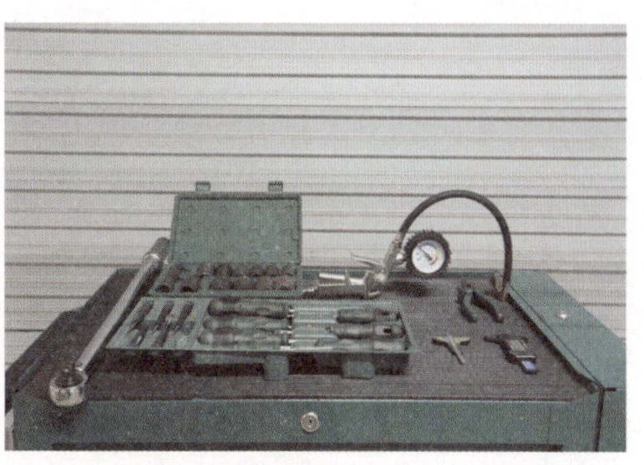

图 3-5-1

操作要求

①安装车轮挡块时要紧贴车轮，安装在两后轮，每个轮前后各一块。

②前格栅布和翼子板布有安装方向，不能装反。

③车辆应停靠在举升机中央。

操作程序

①安装车轮挡块，如图 3-5-2 所示。

②拉起驻车制动器，将换挡杆置于 P 挡，如图 3-5-3 所示。

③安装车内四件套，如图 3-5-4 所示。

④安装前格栅布和翼子板布，如图 3-5-5 所示。

图 3-5-2

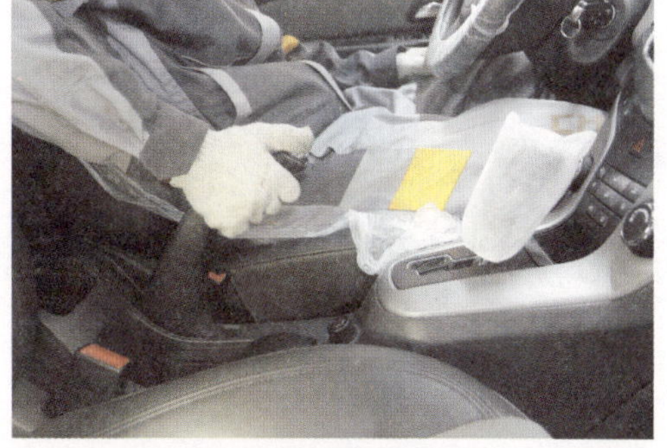

图 3-5-3

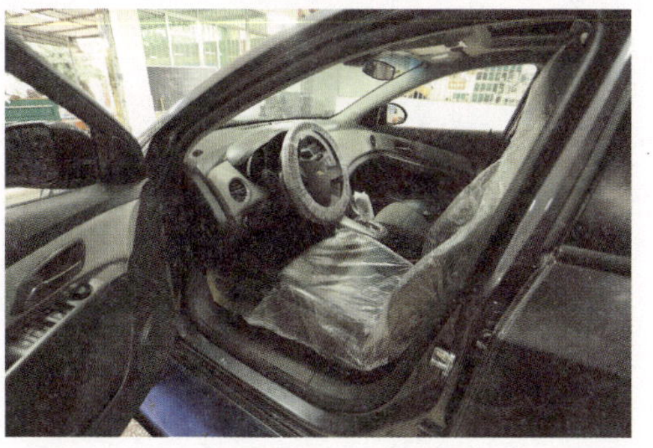

图 3-5-4

图 3-5-5

作业标准

①前格栅布和翼子板布安装牢固,并能保护好车身。
②车轮挡块与车轮无间隙。
③工、量具摆放整齐。

活动一　拆卸轮胎

操作要领

①举升机安全操作。
②双手抱车轮,取下车轮时,不能在轮胎螺栓上摩擦,以防损坏螺纹。
③车轮、工具不能掉落。

操作要求

①举升车辆至适当高度,如图 3-5-6 所示。
②使用气动扳手拆下轮胎和车轮总成(左/右),如图 3-5-7 所示。

图 3-5-6

图 3-5-7

作业标准

①安全操作举升机。
②车轮螺母分两次拆卸,拆卸顺序为按照对角线进行拆卸。
③双手抱车轮,取下车轮时,不能在轮胎螺栓上摩擦,以防损坏螺纹。
④车轮、工具不能掉落。

活动二　检测轮胎

操作要领

①在使用气压表前,需对气压表进行检查。
②在气门周围涂抹肥皂水,并停留 10 s 以上。
③安装轮胎前,轮胎需换位。

操作程序

①检查轮胎的胎面和胎侧是否嵌入金属颗粒、石子或其他异物，如图 3-5-8 所示。戴手套，采用目视检查，如有上述情况，应采用正确的工具进行排除。

②测量轮胎花纹深度，如图 3-5-9 所示。

③检查轮胎是否有异常磨损，如图 3-5-10 所示。

④测量轮胎气压，如图 3-5-11 所示。

⑤检查轮胎是否漏气，如图 3-5-12 所示。

⑥直接用眼睛观察轮辋是否过度变形、损坏或腐蚀，如图 3-5-13 所示。

图 3-5-8

图 3-5-9

图 3-5-10

图 3-5-11

图 3-5-12

图 3-5-13

⑦轮胎换位，如图 3-5-14 所示。

图 3-5-14

作业标准

①轮胎花纹深度测量位置正确，测量值应在误差允许范围内，胎纹深度取小数点后一位。

②轮胎异常磨损，轮辋检查要全面。

③在气门周围涂抹肥皂水，停留 10 s 以上。

活动三　安装轮胎

操作要领

①轮胎需按照换位原则换位安装。

②使用气动扳手安装螺母时，不能出现“嗒嗒”声。

③汽车轮胎分两次紧固，紧固顺序为对角线紧固。

操作要求

①使用气动扳手安装轮胎，如图 3-5-15 所示。

②降下车辆，如图 3-5-16 所示。

图 3-5-15

图 3-5-16

③再次紧固车轮螺母，紧固顺序为对角线紧固，如图 3-5-17 所示。

图 3-5-17

作业标准

①根据安全规范使用举升机，降车前必须先解锁。

②轮胎需按照换位原则换位安装。

③使用气动扳手安装螺母时，不能出现“嗒嗒”声。

④汽车轮胎分两次紧固，紧固顺序为对角线紧固。

活动后复位

操作要求

①回收一次性车内四件套，手套、毛巾等不可回收物品应放入指定地点。

②清洁车身应用干净的毛巾。

③工、量具应清洁干净并复原位。

操作程序

①拆卸前格栅布和翼子板布。

②拆卸车内四件套。

③拆卸车轮挡块。

④清洁车身。

⑤整理工、量具。

作业标准

①前格栅布和翼子板布拆卸后要摆放整齐。

②废物应分类放置。

/任务六/　更换自动变速器油

【任务目标】

知识目标

能说明自动变速器油的作用；

能说明自动变速器油的加注要求。

技能目标

会检查自动变速器油；

会更换自动变速器油。

【相关知识】

1.自动变速器油的作用

自动变速器油（Automatic Transmission Fluid，ATF）是专门用于自动变速器的油液。早期的自动变速器没有专用油液，而是用发动机机油代替。由于工作状况和技术要求差异很大，所以发动机机油作为自动变速器油液的方法很快被淘汰。如今使用的自动变速器油既是液力变矩器的传动油，又是行星齿轮结构的润滑油和换挡装置的液压油。

2.自动变速器油的维护要求

自动变速箱油按一般正常行驶情况应每 12 万公里更换一次，按恶劣行驶情况应每 6 万公里更换一次。应尽量选用原厂的 ATF，不能错用、混用自动变速器油。

自动变速器的主要保养内容，就是对自动变速器油的添加、检查和更换。

ATF 必须要满足如下要求：

①传递功率的效率与油的黏度、起泡程度有关，所以要求 ATF 的黏度、起泡程度要合适。

②自动变速器工作时，系统内部工作温度可达-40~170 ℃，油的流速可达 20 m/s，并且不断与有色金属、空气相接触，所以 ATF 的抗氧化性能要求高。

③自动变速器工作时，系统内的轴承、齿轮等摩擦副也须用 ATF 进行润滑，因此要求 ATF 应该具有一定的润滑性能。

④随着现代自动变速器技术的进步，其整体尺寸不断缩小，但同时又必须保证其转速和传递功率保持不变，因此，ATF 的比重越大越好。

【任务实施】

活动准备

图 3-6-1

工、量具及辅助材料的准备

①工位准备：举升机一台、科鲁兹轿车一辆。

②工具准备：套筒、棘轮扳手、扭力扳手、接杆，如图 3-6-1 所示。

③防护用品及耗材准备：手套、翼子板布、前格栅布、车内四件套、车轮挡块、ATF 油、抹布、油盆。

操作要求

①安装车轮挡块时要紧贴车轮，安装在两后轮，每个轮前后各一块。

②前格栅布和翼子板布有安装方向，不能装反。

③车辆应停靠在举升机中央。

操作程序

①安装车轮挡块，如图 3-6-2 所示。

②拉起驻车制动器，将换挡杆置于 P 挡，如图 3-6-3 所示。

③安装车内四件套，如图 3-6-4 所示。

④安装前格栅布和翼子板布，如图 3-6-5 所示。

作业标准

①前格栅布和翼子板布安装牢固，并能保护好车身。

图 3-6-2

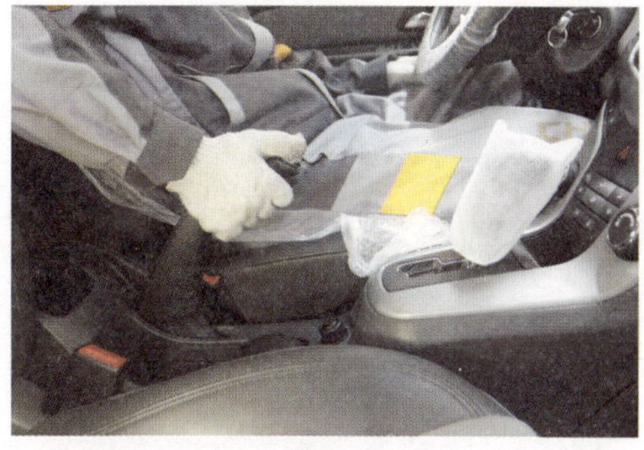
图 3-6-3

图 3-6-4

图 3-6-5

②车轮挡块与车轮无间隙。

③工、量具摆放整齐。

活动一 排放 ATF 油

操作要领

①举升机不得频繁起落；有人作业时严禁升降举升机；发现操作机构出现不灵活、电机不同步、托架不平或液压部分漏油等情况时，应及时报修，不得带故障操作。

②使用风炮时，要注意站立姿势和位置，绝不能靠身体加压，硬打、死打，以防风炮整体逆转伤人；拆、装轮胎螺母作业时，应先行将套筒套入待拆卸螺母，清洁作业轮胎螺丝表面油污，防止打滑或移位并根据车轮螺母旋向要求，轻点开关试动，确认旋转方向正确；开机工作时，应给风炮施加一定的轴向推力，确保工作时螺母套筒不易甩出；在正式运行时，套筒没有套住螺母，严禁按动开关，工作时，身体（手）切勿接触气动扳手旋转部件，避免造成工作伤害；切勿鲁莽操作，严禁重力碰撞。

> ☆ 提示
>
> 变速器油的温度很高，将变速器油从变速器中排出时必须小心，以免造成人身伤害。

③安装放油螺栓前应更换新的衬垫。

④气动扳手的使用方法：a.给气动扳手连接动力，一只手拿着气管接头，另一只手拿着气动扳手，把接头上的圆环向下拉，气管插上。接头上的圆环只有置于下拉状态才能接上，拔掉的时候也需要把圆环向下拉。b.安装装套筒，选择与轮胎螺母一样型号的套筒安装在气动扳手上。c.通过气动扳手上的旋钮选择旋转方向和合适的挡位(5 挡、左旋)。

⑤车轮螺母分两次拆卸，拆卸顺序为按照对角线进行拆卸。

⑥放油螺栓紧固扭力为 12 N·m。

⑦自动变速箱油的排放方法：a.一般在更换自动变速箱油时，大都是卸下自动变速箱油底的螺丝漏掉旧油再加入新油，但这样大约只能换上 30%的新油，而还有 70%的旧油仍残留在变速箱内。b.以拆卸油底壳的方式进行换油，则可达到 70%的换油率。c.目前较好的换油方法是动态换油，采用专用的变速箱清洗设备，在变速箱运转的过程中，将旧油充分循环、排放干净后再加入新的变速箱油，从而使换油率高达 90%以上。

操作要求

①举升车辆至适当高度，如图 3-6-6 所示。

②拆下放油螺塞并将变速器油排入合适的容器，如图 3-6-7 所示。

③安装放油螺塞，如图 3-6-8 所示。

④测量排放的变速器油量。

图 3-6-6

图 3-6-7

图 3-6-8

☆ 提示

测量排放量为加注量提供依据。

作业标准

①汽车举升平稳，无倾斜。

②正确安全使用气动扳手。

③变速箱油排放平稳安全。

④安装放油螺栓前应更换新的衬垫，紧固扭力为 12 N·m。

活动二　更换 ATF 油

操作要领

①按上升按钮，使汽车稍微上升一点，然后拉动解锁拉索，最后按下泄压阀，完全降下汽车。

②6T30 变速器的油液更换量为 4.5~5.5 L，可在排放量基础上增加 0.1~0.3 L 加注。

③在暖机期间，踩下制动踏板并将换挡杆挂到每个挡位，且在每个档位停顿 3 s，然后将换挡杆挂回驻车挡（P 挡）。

④必须选用规定牌号的 ATF 油，不能混用。

⑤发动机控制模块必须挂好，不能掉落。

⑥车辆在举升机上时，必须置于水平位置。

操作程序

①降下车辆，如图 3-6-9 所示。

②在未断开电气连接器的情况下，拆下发动机控制模块并悬挂在一边，如图 3-6-10 所示。

③拆下变速器通风软管和油加注口盖，如图 3-6-11 所示。

④根据排放量加注新的 ATF 油，如图 3-6-12 所示。

图 3-6-9

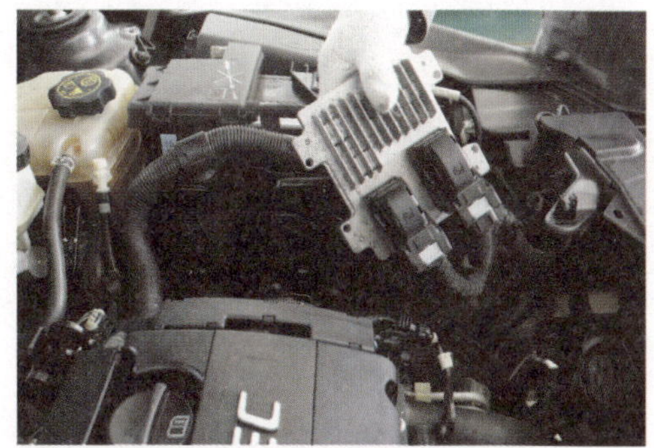

图 3-6-10

图 3-6-11

图 3-6-12

⑤安装加注口盖和变速器通风软管，如图 3-6-13 所示。

⑥启动发动机，使发动机怠速运行至少 3 min，如图 3-6-14 所示。

图 3-6-13

图 3-6-14

图 3-6-15

⑦不停机，使发动机怠速运行，举升车辆到适当高度，如图 3-6-15 所示。

作业标准

①根据安全规范操作举升机。

②在暖机期间，踩下制动踏板并将换挡杆挂到每个挡位，且在每个挡位停顿 3 s，然后将换挡杆挂回驻车挡(P 挡)。

③发动机控制模块必须挂好，不能掉落。

④ATF 油选用、加注准确。

活动三 安装与检查 ATF 油

操作要领

①拆下油位螺塞前，变速器下方要放置油盆。

②ATF 油不能溅到地面。

操作程序

①拆下油位螺塞，如图 3-6-16 所示。

②安装油位螺塞。

③完全降下车辆并停机，如图 3-6-17 所示。

④安装发动机控制模块，如图 3-6-18 所示。

作业标准

①根据安全规范操作举升机。

②工具、零件不能掉落。

③ATF 油不能溅到地面。

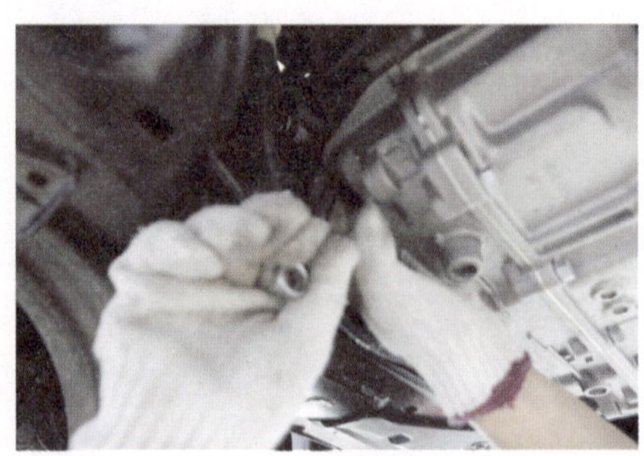

图 3-6-16

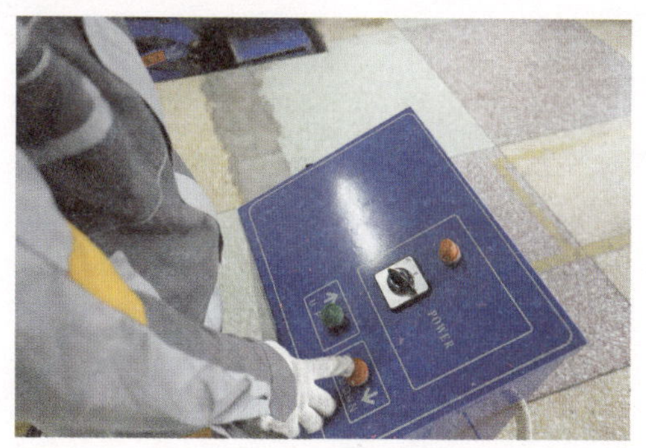

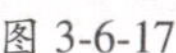

图 3-6-17

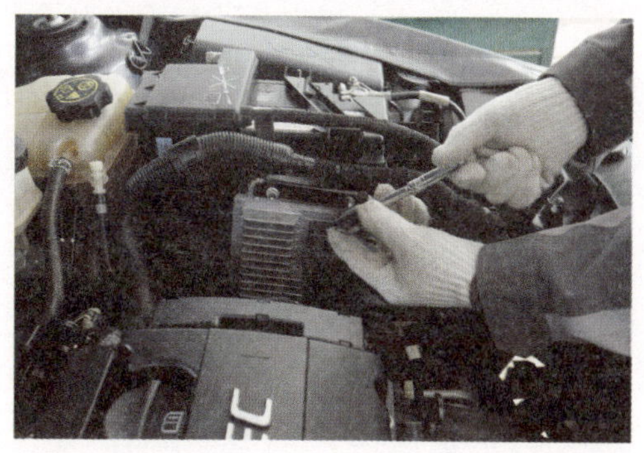

图 3-6-18

④油位螺栓紧固力矩为 12 N · m。

活动后复位

操作要求

①回收一次性车内四件套,手套、毛巾等不可回收物品应放入指定地点。

②清洁车身应用干净的毛巾。

③工、量具应清洁干净并复原位。

操作程序

①拆卸前格栅布和翼子板布。

②拆卸车内四件套。

③拆卸车轮挡块。

④清洁车身。

⑤整理工、量具。

作业标准

①前格栅布和翼子板布拆卸后要摆放整齐。

②废物应分类放置。

项目四 | 汽车电气维护

汽车电气系统是汽车的重要组成部分，是控制汽车正常行驶的核心。随着汽车技术的发展，汽车电气系统的结构和功能日益增多，对汽车性能的影响越来越重要，特别是对于安全性和舒适性等方面的影响越来越大。所以汽车电气系统维护对汽车安全行驶至关重要。汽车电气系统检测及维护是指对汽车电源系统、火花塞组件、汽车空调系统、汽车照明系统、汽车雨刮系统等系统进行的常规检测和维护。

/任务一/ 检查电源系统

【任务目标】

知识目标

能说明电源系统的作用；

能阐述电源系统的工作原理；

能说明电源系统的组成。

技能目标

会检查发电机皮带；

会检查汽车蓄电池；

会更换汽车蓄电池。

【相关知识】

电源系统主要由蓄电池、发电机和电压调节器等组成。

①蓄电池：汽车必不可少的一部分，可分为传统的铅酸蓄电池和免维护型蓄电池。免维护型蓄电池采用了铅钙合金做栅架，充电时产生的水分解量少，水蒸发量也低，加上外壳采用密封结构，释放出来的硫酸气体也很少，所以它与传统蓄电池相比，具有不需添加任何液体、电量储存时间长等优点。

②汽车发电机:汽车的主要电源,其功用是在发动机正常运转时(怠速以上),向所有用电设备(发动机除外)供电,同时向蓄电池充电。在普通交流发电机三相定子绕组基础上,增加绕组匝数并引出接线头,增加一套三相桥式整流器。低速时,由原绕组和增绕组串联输出;而在较高转速时,仅由原三相绕组输出。

③电压调节器:由于发电机是由汽车的发动机拖动的,而发动机的转速不是恒定的,因此会造成发电机输出电压的不稳定,必须要有一个电子装置去控制发电机,使汽车发动机在不同的转速下,发电机都能输出较稳定的电压。

【任务实施】

活动准备

工、量具及辅助材料的准备

①工位准备:实训室一间、科鲁兹轿车一辆、举升机一台。

②工具准备:组合 150 件工具一套、汽车检测用万用表一块、放电计一个。

③防护用品及耗材准备:手套一双、护目镜一副、毛巾一条。

操作要求

①安装车轮挡块时要紧贴车轮,安装在两后轮,每个轮前后各一块。

②前格栅布和翼子板布有安装方向,不能装反。

③车辆应停靠在举升机中央。

操作程序

①安装车轮挡块。

②拉起驻车制动器,将换挡杆处于 P 挡。

③安装车内四件套。

④安装前格栅布和翼子板布。

作业标准

①前格栅布和翼子板布安装牢固。

②车轮挡块与车轮无间隙。

③工、量具摆放整齐。

活动一　检查发电机

操作要领

①不得用导线直接碰触机壳产生电火花的方式来检查发电机工作性能。

②各接线柱必须按规定力矩旋紧固定。

操作程序

①进入车内,打开发动机机舱开关并支撑好舱盖,如图 4-1-1 所示。

②对发电机机械传动相关连接件进行外观检查,看有无松动、磨损,如图 4-1-2 所示。

图 4-1-1

图 4-1-2

③对发电机电路连接各接线端及控制件进行外观检查,主要看外规有无变色、变形,熔丝有无熔断等,如图 4-1-3 所示。

④起动车后用万用表测量蓄电池输出正负端子电压,系统工作正常时电压应在 10~14 V,如图 4-1-4 所示。

图 4-1-3

图 4-1-4

作业标准

①逐一检查各个传动部件紧固情况。

②用万用表测量蓄电池工作电压,应保持在正常数值范围。

活动二　检查蓄电池

操作要领

①用万用表测量电压时,量程和表笔插孔不得选错。

②测量中要防止线路短路。

操作程序

①进行外观检查,观察蓄电池有无漏液现象,观察蓄电池电眼颜色是否正常,如图 4-1-5

所示。

②用万用表测量蓄电池空载输出电压，其数值应在 11~12.6，如图 4-1-6 所示。

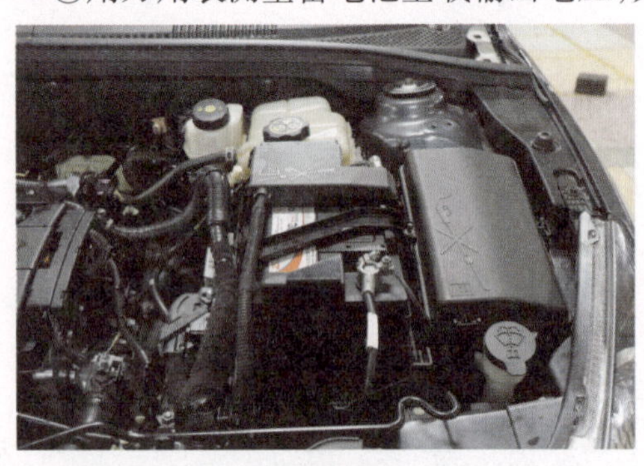

图 4-1-5

图 4-1-6

图 4-1-7

③启动汽车，再次用万用表测试蓄电池两端输出电压，如图 4-1-7 所示。

作业标准

①蓄电池安装稳固，接线桩完好。

②无漏液现象，观察蓄电池电眼颜色正常。

③用放电计测试蓄电池工作电压值正常。

活动三　更换蓄电池

操作要领

①在维修任何电气部件前，点火和起动开关必须置于 OFF（关闭）或 LOCK（锁止）位置，并且所有电气负载必须关闭，除非操作程序中另有说明。断开蓄电池负极电缆，以防止工具或设备接触裸露的电气端子而产生电火花。

②更换后的蓄电池应按规定进行处理。

③拆卸之前打开收音机并记录所有的客户预设电台。

④确保所有车灯和附件关闭。

⑤将点火开关置于“OFF（关闭）”位置，拔出点火钥匙。

⑥拆卸时先拆负极，再拆正极；安装时正好相反，先装正极然后再装负极。

操作程序

①分析前面的测试结果，若不满足参考值，则可进入蓄电池更换工作。

②将点火开关置于“OFF（关闭）”位置，拔出点火钥匙，松开蓄电池负极电缆螺母，然后再断开蓄电池负极电缆，如图 4-1-8 所示。

③解开蓄电池保险丝盒盖上的固定凸舌，使用合适的螺丝刀通过窗孔松开卡夹，如图 4-1-9 所示。

图 4-1-8

图 4-1-9

☆ 注意

拉动蓄电池保险丝壳体时，切勿拉动下盖。

④打开蓄电池保险丝盒盖，先拆下蓄电池正极至发动机连接电缆，然后从蓄电池上拆下蓄电池正极电缆，如图 4-1-10 所示。

⑤拆下蓄电池压板紧固件螺母，将蓄电池压板紧固件从蓄电池托架上拆下，如图 4-1-11 所示。

⑥将蓄电池电流传感器从蓄电池托架上松开，断开预热塞控制器线束插头，将预热塞控制器托架从蓄电池托架上拆下，如图 4-1-12 所示。

⑦松开固定凸舌并拆下防护装置蓄电池托架，拆下失效的蓄电池，如图 4-1-13 所示。

⑧换上新蓄电池，安装防护装置蓄电池托架，重新连接预热塞控制器线束插头，将蓄电池电流传感器夹到蓄电池托架上，如图 4-1-14 所示。

⑨安装蓄电池压板紧固件及蓄电池压板固定螺母，并紧固至 9 N · m，如图 4-1-15 所示。

⑩安装蓄电池正极电缆盖并锁止 2 个固定凸舌，再安装蓄电池正极电缆，将蓄电池上的正极电缆螺母紧固至 9 N · m，如图 4-1-16 所示。

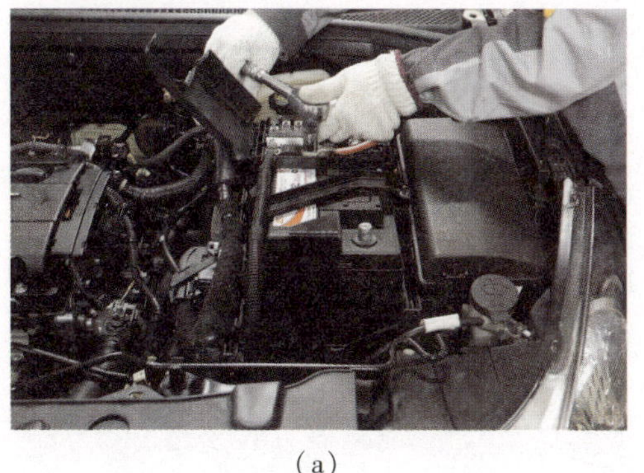
(a)

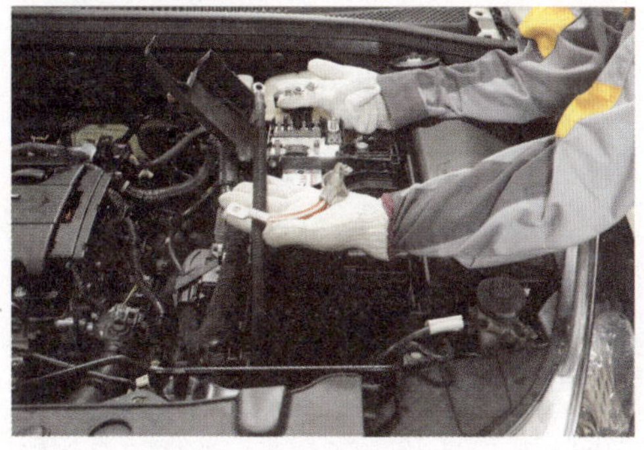
(b)

图 4-1-10

(a)

(b)

图 4-1-11

图 4-1-12

图 4-1-13

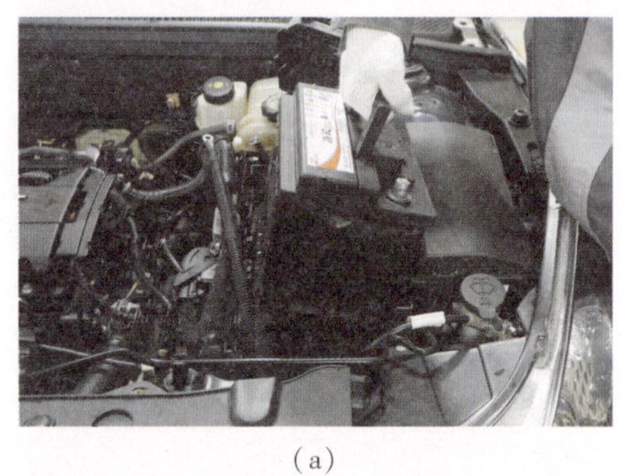

(a)

(b)

图 4-1-14

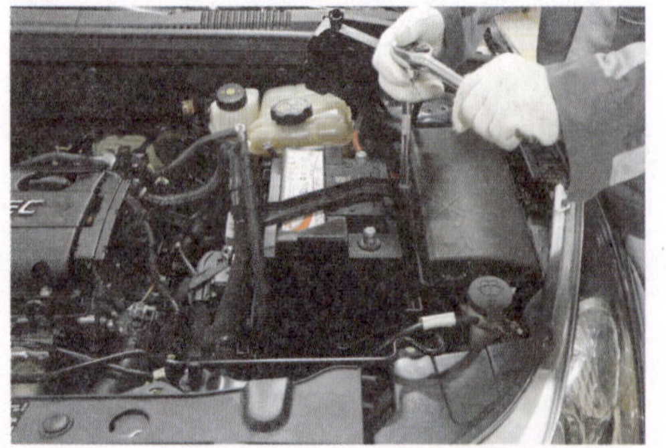

图 4-1-15

图 4-1-16

⑪闭合蓄电池保险丝盒盖并锁定固定凸舌，装回蓄电池保险丝盒，如图 4-1-17 所示。

⑫连接蓄电池负极电缆，如图 4-1-18 所示。

图 4-1-17

图 4-1-18

作业标准

①拆装方法及步骤正确。

②蓄电池及各组件位置安装牢固，接线正确。

活动四　着车检查

操作要领

①插入钥匙后，将钥匙旋转至 ACC 并停止，2~3 s 后，等到主电源继电器触点稳固接触，然后将钥匙转至 ON 处，再等待 6~10 s，让油泵继电器吸合，等各个传感器调整状态完毕后，将钥匙转至 START 至发动机连续运转后返回 ON 处，在电脑的指导下，自动调整出一种最佳位置度和最佳参数，最后成功起动发动机。

②每次启动时间不要超过 15 s。

操作程序

进入驾驶室，打开点火开关，启动发动机，检查车辆启动和工作情况，若情况正常，关闭点火开关，停止发动机运转，如图 4-1-19 所示。

图 4-1-19

作业标准

①能顺利起动汽车，车辆可正常工作。

②发动机工作正常，驾驶室指示仪表正常。

活动后复位

操作要求

①回收一次性车内四件套、手套、毛巾等不可回收物品应放入指定地点。

②清洁车身应用干净的毛巾。

③工、量具应清洁干净并复原位。

操作程序

①拆卸前格栅布和翼子板布。

②拆卸车内四件套。

③拆卸车轮挡块。

④清洁车身。

⑤整理工、量具。

作业标准

①前格栅布和翼子板布拆卸后要摆放整齐。

②废物应分类放置。

/任务二/　更换火花塞

【任务目标】

知识目标

能说出火花塞的结构和作用；

能阐述更换火花塞的重要性；

能叙述火花塞的更换方法及步骤。

技能目标

会使用常用工具和专用工具对火花塞进行更换；

会按照正确的方法及步骤更换火花塞。

【相关知识】

随着发动机的运行时间或汽车行驶距离的增加，汽车火花塞电极间隙所必须的放电电压也在不断地上升，会越来越接近点火线圈所提供的电压极限，于是点火越来越困难，并最终发生了断火。火花塞的使用寿命也就终结于此，此时则需按照正确的步骤对其进行更换。

火花塞使用的材质对于它的更换周期有决定性影响，目前市场上主流的火花塞有铜芯、镍合金芯、白金芯、铱金芯。铜芯，建议每隔 20 000~30 000 km 更换一次；镍合金芯的火花塞的更换周期比铜芯稍长，在 40 000~60 000 km 更换即可；而铱金芯和白金芯的火花塞金属特性比较稳定，抗氧化能力好，所以使用寿命会相对更长。白金芯的火花塞建议每隔 80 000 km更换一次，铱金芯的火花塞建议每隔 100 000 km 更换一次。

【任务实施】

活动准备

工、量具及辅助材料的准备

①工位准备:实训室一间、科鲁兹轿车一辆、举升机一台。

②工具准备:世达工具车、组合工具一套,如图 4-2-1 所示。

③防护用品及耗材准备:手套一双、护目镜一副、毛巾一条。

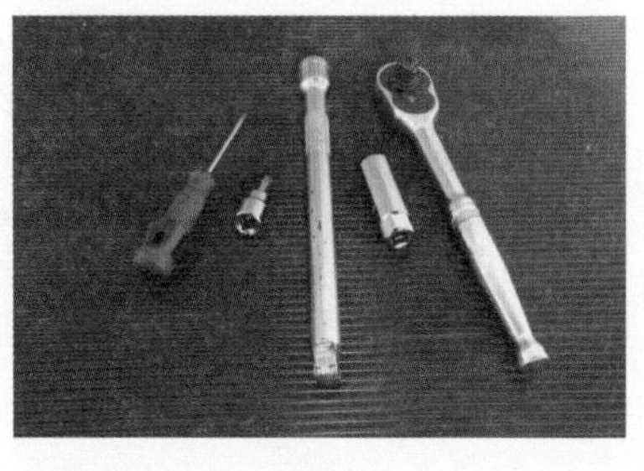

图 4-2-1

操作要求

①安装车轮挡块时要紧贴车轮,安装在两后轮,每个轮前后各一块。

②前格栅布和翼子板布有安装方向,不能装反。

③车辆应停靠在举升机中央。

操作程序

①安装车轮挡块。

②拉起驻车制动器,将换挡杆处于 P 挡。

③安装车内四件套。

④安装前格栅布和翼子板布。

作业标准

①前格栅布和翼子板布安装牢固。

②车轮挡块与车轮无间隙。

③工、量具摆放整齐。

活动一　拆卸火花塞

操作要求

①注意不要让灰尘进入燃烧室,保持燃烧室的清洁、干燥无油污,否则会引发漏电、火花减弱等故障。

②点火线束拆装时不得损坏内部连接芯线。

操作程序

①用力按住向右打开火花塞保护盖,如图 4-2-2 所示。

②拔下点火线圈插接件,如图 4-2-3 所示。

③拆下点火线圈总成固定螺栓,如图 4-2-4 所示。

④接下来将点火线圈总成取出，如图 4-2-5 所示。

（a）

（b）

图 4-2-2

（a）

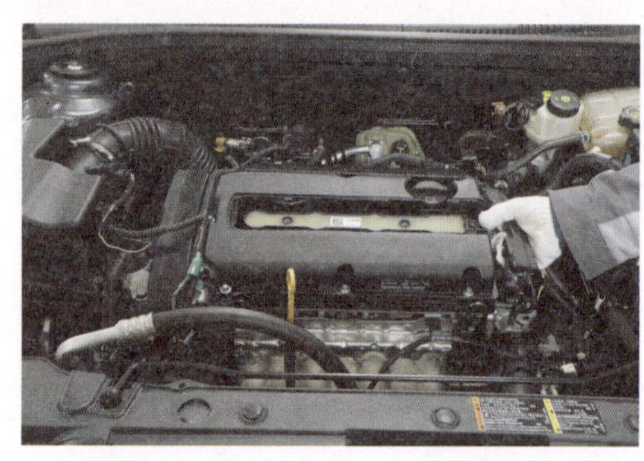

（b）

图 4-2-3

图 4-2-4

图 4-2-5

⑤清理油污，否则会引发漏电、火花减弱等故障，然后分别取出各只旧火花塞，如图 4-2-6 所示。

作业标准

①拆装方法及步骤正确。

②拆下的螺丝及其他零件应妥善保管。

(a)

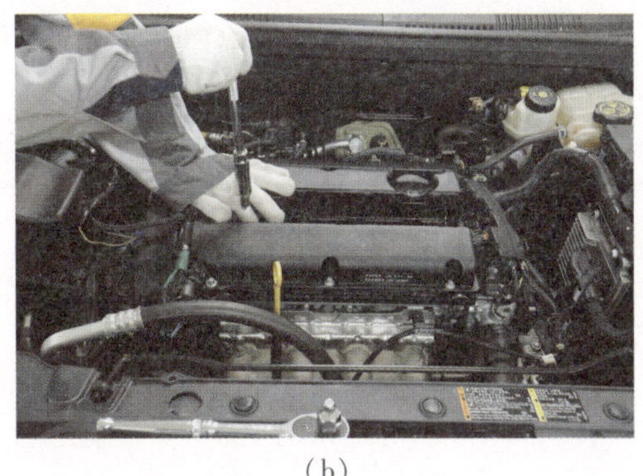
(b)

图 4-2-6

活动二　更换火花塞

操作要求

①操作中不要让灰尘进入燃烧室，保持燃烧室的清洁、干燥无油污，否则会引发漏电、火花减弱等故障。

②所有火花塞拧紧力矩要合理、一致。

操作程序

①选用套筒将新的火花塞对准螺孔，用手轻轻拧入，如图 4-2-7 所示。

(a)

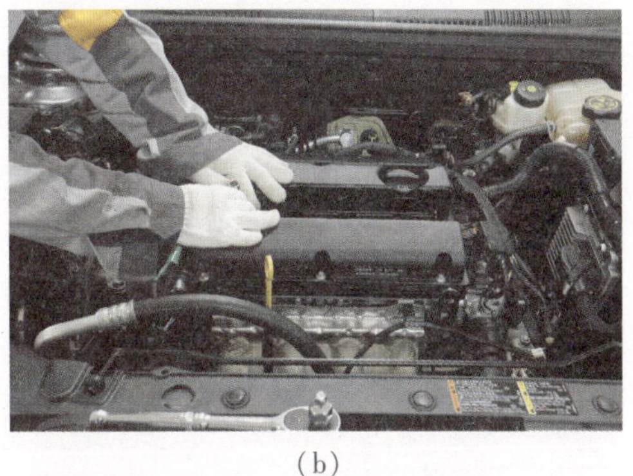
(b)

图 4-2-7

②拧到约螺纹全长的二分之一后，再用套筒紧固。用同样的方法依次更换其余 3 个缸的火花塞，如图 4-2-8 所示。

③安装完新火花塞后，再用力矩扳手按规定将扭矩拧紧。注意扳手尽量放正，避免损坏陶瓷绝缘。

④装回点火线圈，连接好插接线，如图 4-2-9所示。

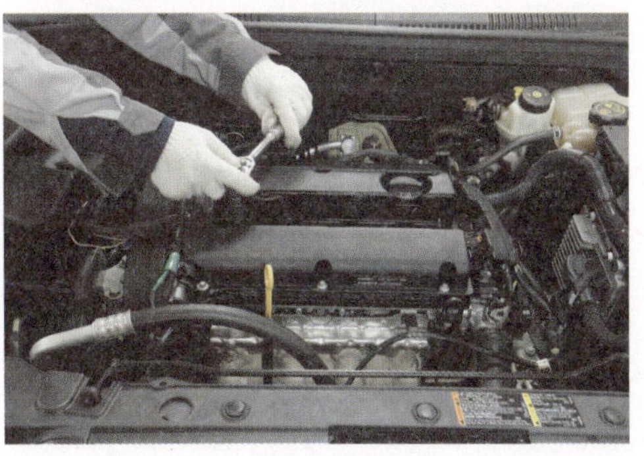
图 4-2-8

(a)

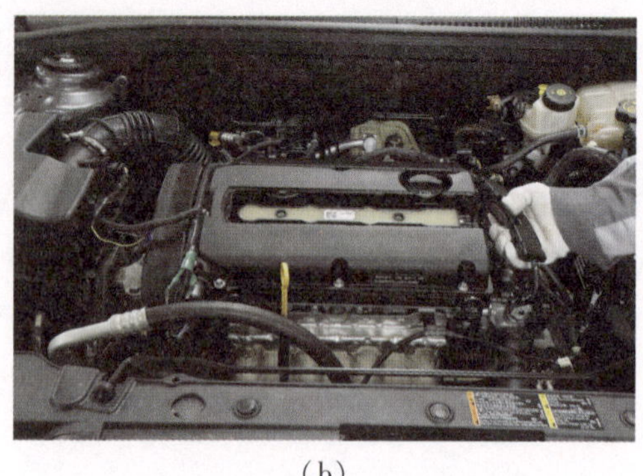
(b)

图 4-2-9

图 4-2-10

⑤合上点火线圈总成保护盖，如图 4-2-10 所示。

作业标准

①能正确使用工具对火花塞进行合理安装。

②点火线圈总成安装牢固可靠、接线正确。

③工、量具摆放整齐。

活动三　着车检查

操作要求

①插入钥匙后，将钥匙旋转至 ACC 并停止，2～3 s 后，等到主电源继电器触点稳固接触，然后将钥匙转至 ON 处，再等待 6～10 s，让油泵继电器吸合，等待各个传感器调整状态完毕后，将钥匙转至 START 至发动机连续运转后返回 ON 处。在电脑的指导下，自动调整出一种最佳位置度和最佳参数，最后成功启动发动机。

②每次启动时间不要超过 15 s。

操作程序

进入驾驶室，打开点火开关，启动发动机，检查车辆起动和工作情况，若情况正常，关闭点火开关，停止发动机运转，如图 4-2-11 所示。

图 4-2-11

作业标准

①能顺利启动汽车，车辆可正常工作。

②发动机工作正常，驾驶室指示仪表正常。

活动后复位

操作要求

①回收一次性车内四件套,手套、毛巾等不可回收物品应放入指定地点。

②清洁车身应用干净的毛巾。

③工、量具应清洁干净并复原位。

操作程序

①拆卸前格栅布和翼子板布。

②拆卸车内四件套。

③拆卸车轮挡块。

④清洁车身。

⑤整理工、量具。

作业标准

①前格栅布和翼子板布拆卸后要摆放整齐。

②废物应分类放置。

/任务三/　检查汽车空调系统

【任务目标】

知识目标

能描述汽车空调系统组成;

能阐述汽车空调系统的作用;

能描述汽车空调系统应如何维护。

技能目标

会拆检空调滤清器;

会检查汽车空调系统。

【相关知识】

1.空调系统的功能

现代汽车空调有四种功能:控制车厢内的气温,把车厢内的温度控制在舒适的水平;排出空气中的湿气;吸入新风,具有通风功能;过滤空气,排除空气中的灰尘和花粉。

2.空调系统的组成

汽车空调制冷系统主要由压缩机、冷凝器、储液干燥器、膨胀阀、蒸发器、导管与软管、压力开关等组成。

手动空调风机常分为1、2、3、4、5挡位,数字越大出风量越大。

空调风向工作模式通常有面部送风、脚底送风及正面加脚底复合送风、挡风玻璃除霜等。

3.空调系统的故障及维护

如果发现空调制冷不良,风量小,或者干脆不制冷等问题,就需要检查各个部件是否正常运作,是否缺冷凝剂。冷凝剂一定要按照用车手册上的型号添加。应定期更换空调滤芯,一般在城市路况行驶,3 000 km左右就需要更换空调滤芯,这样不仅可以让进气系统更加清洁,还可以避免空调滤芯堵塞造成制冷能力下降。

应定期进行专业的空调系统清洗和杀菌除异味养护。汽车压缩机皮带的张力是376 N±50 N(约38 kg±5 kg),皮带张力过大,易造成压缩机皮带轮轴承早期失效,主要表现为压缩机噪声大,如不及时修理会造成离合器损坏。皮带张力过小易导致皮带打滑,造成压缩机转速下降,制冷效果差。

【任务实施】

活动准备

工、量具及辅助材料的准备

①工位准备:举升机一台、科鲁兹轿车一辆。

②工具准备:世达150件套、机油格扳手、机油回收车。

③防护用品及耗材准备:四件套、车轮挡块、机油、机油格。

操作要求

①安装车轮挡块时要紧贴车轮,安装在两后轮,每个轮前后各一块。

②前格栅布和翼子板布有安装方向,不能装反。

③车辆应停靠在举升机中央。

操作程序

①安装车轮挡块。

②拉起驻车制动器,将换挡杆处于P挡。

③安装车内四件套。

④安装前格栅布和翼子板布。

作业标准

①前格栅布和翼子板布安装牢固。

②车轮挡块与车轮无间隙。

③工、量具摆放整齐。

活动　检查空调系统

操作要领

①不能用高压空气来清洁空气滤网或空调滤芯。

②取空调滤芯过程中，手套箱右边的塑料件容易损坏，操作过程要方法正确、动作轻缓。

操作程序

①进入车内，打开手套箱，旋松四颗固定螺丝，然后用手扣掉限位卡扣取下储物箱，再检查空调空气滤芯是否脏污，视脏污程度可选择清洁或直接更换，如图 4-3-1 所示。

②打开全部车窗，如图 4-3-2 所示。

③转动空调风速挡位旋钮，检查风机工作是否正常，出风量应变化明显，如图 4-3-3 所示。

④选择各风向模式工作按钮，检查各出风口工作是否正常，如图 4-3-4 所示。

⑤进入发动机舱，应注意检查压缩机皮带张力是否正常。检查过程中可以用手翻动皮带，如果皮带能翻转 90°，则张力基本正常，如图 4-3-5 所示。

⑥检查压缩机要注意检查轴封以及压缩机与进排管的连接部位是否有泄漏。如果出现泄漏，应及时更换、修理，如图 4-3-6 所示。

图 4-3-1

图 4-3-2

⑦检查蒸发器的进风口空气滤网是否有灰尘，是否有杂物等吸附在空气滤网上而阻碍空气流通，造成冷气不足，影响制冷效果。另外，检查排水道应畅通，否则容易造成排水道冻结，严重时也会造成蒸发器的损坏，如图 4-3-7 所示。

⑧将空调冷热工作方式控制旋钮置于制冷工作模式，再压下有雪花图样的按键，依次检查空调各冷气流出风口输出是否正常，可用温度计测量出风口温度是否为 5°左右，如图 4-3-8 所示。

⑨将空调冷热工作方式控制旋钮置于制热工作模式，依次检查空调各出风口暖气流输出是否正常，如图 4-3-9 所示。

图 4-3-3

图 4-3-4

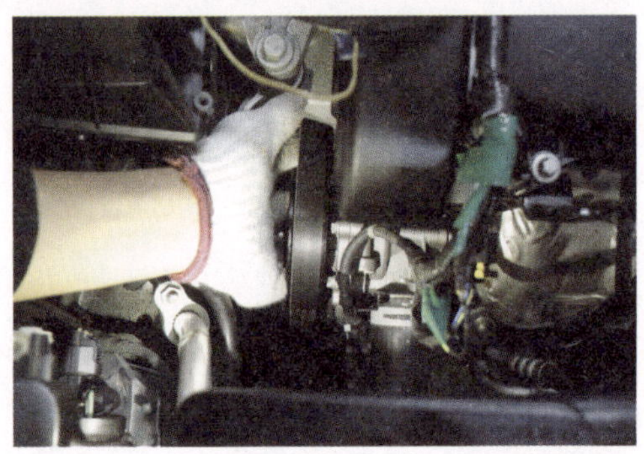
图 4-3-5

图 4-3-6

图 4-3-7

图 4-3-8

图 4-3-9

作业标准

①风机旋转无噪声，风速按 1、2、3、4、5 挡依次增大。

②各出风口应清洁无脏堵，冷、热送风通畅。

③各控制旋钮和按键应灵活无卡滞。

活动后复位

操作要求

①回收一次性车内四件套，手套、毛巾等不可回收物品应放入指定地点。
②清洁车身应用干净的毛巾。
③工、量具应清洁干净并放回原位。

操作程序

①拆卸前格栅布和翼子板布。
②拆卸车内四件套。
③拆卸车轮挡块。
④清洁车身。
⑤整理工、量具。

作业标准

①前格栅布和翼子板布拆卸后要摆放整齐。
②废物应分类放置。

/任务四/ 检查汽车照明系统

【任务目标】

知识目标

能够识别汽车照明系统组成，并叙述其功用；
知道汽车灯光检查手势。

技能目标

会熟练使用相应的灯光控制开关；
会熟练做出汽车灯光检查手势。

【相关知识】

汽车灯具按照功用划分，主要分为汽车照明灯和汽车信号灯两种。汽车照明灯按照其安装的位置及功用又分为前照灯、雾灯、牌照灯、仪表灯、顶灯、工作灯等；汽车信号灯又分为转向信号灯、危险报警灯、示宽灯、尾灯、制动灯、倒车灯。

1.汽车照明系统

(1)汽车外部照明系统

①前照灯:又称为前大灯,装于汽车头部两侧,用于夜间行车时道路的照明,有两灯制和四灯制之分。每辆车安装 2 只或 4 只,装于外侧的一对应为近、远光双光束灯,装于内侧的一对应为远光单光束灯。前照灯灯光光色为白色,灯泡功率远光灯为 45~60 W,近光灯为 25~55 W。要求前照灯应能保证提供车前 100 m 以上路面明亮、均匀的照明,并且不应对迎面来车的驾驶员造成眩目。随着车速的不断提高,汽车上的前照灯的照明距离可达到200~300 m。

②雾灯:安装于汽车的前部和后部,用于在雨雾天气行车时照明道路和为迎面来车及后面来车提供信号。前雾灯安装在前照灯附近,一般比前照灯的位置稍低,因为雾天能见度低,驾驶员视线受到限制。前雾灯光色为黄色,这是因为黄色光光波较长,具有良好的透雾性能,灯泡功率一般为 35 W。后雾灯采用单只时,应安装在车辆纵向平面的左侧,与制动灯间的距离应大于 100 mm,后雾灯光色为红色,以警示尾随车辆保持安全距离,灯泡功率一般为 21 W。

③倒车灯:装于汽车尾部,用于倒车时汽车后方道路照明和警告其他车辆和行人该车正在倒车,同时兼有灯光信号装置的功能。倒车灯光色为白色,功率一般为 28 W。

④牌照灯:用于照亮车辆牌照,要求夜间在车后 20 m 处能看清牌照号码。牌照灯装在汽车尾部牌照的上方或左右两侧,灯光光色为白色,灯泡功率为 8~10 W。它没有单独的开关控制,受示宽灯或前照灯开关控制。

(2)汽车内部照明系统

汽车内部照明系统由顶灯、仪表灯、踏步灯、工作灯、行李厢灯组成。主要是为驾驶员、乘客提供方便。灯光光色为白色,灯泡功率在 2~20 W。

①顶灯:安装在驾驶室或车厢内顶部,为驾驶室或车厢内的照明灯具。灯光颜色一般为白色。

②仪表灯:安装于仪表盘内,它用来照明汽车仪表。灯光颜色一般为白色。

③踏步灯:一般安装在汽车的上下车台阶的左右两侧,作用是用来照明车门的踏步处,方便乘客上下车,灯光颜色一般为白色。

④工作灯:车辆维修时可以移动使用的一种随车低压照明工具,电源来自发电机或蓄电池。常常带有挂钩或夹钳,插头有点烟器式或两柱插头式两种。

⑤行李厢灯:为轿车行李厢内的灯具,灯光为白色。

⑥阅读灯:装于乘员席前部或顶部,聚光时乘员看书不会给驾驶员产生眩目现象,照明范围较小,有的还有光轴方向调节机构。

⑦门灯:装于轿车外张式车门内侧底部,开启车门时,门灯发亮,以告示后来行人、车辆注意避让。功率为 5W,光色为红色。

2.汽车灯光信号系统

①转向信号灯:装于汽车前、后、左、右角,用于汽车转弯时发出明暗交替的闪光信号,使

前后车辆、行人、交警知其行驶方向。转向信号灯的灯光光色为琥铂色,灯泡功率一般为 20 W。汽车转向信号灯的指示距离,要求前、后转向信号灯白天距 100 m 以外可见,侧转向信号灯白天距 30 m 以外可见。转向信号灯的闪光频率应控制在 1.0~2 Hz。

②危险报警信号灯:用于车辆遇到紧急危险情况时,同时点亮前后左右转向灯以发出警告信号。与转向信号灯有相同的要求。

③制动灯:用于指示车辆的制动或减速信号。制动灯安装在车尾两侧,两制动灯应与汽车的纵轴线对称并在同一高度上,制动灯灯光光色为红光,应保证白天距 100 m 以外可见。

④示廓灯:安装在汽车前、后、左、右侧的边缘,用于汽车夜间行车时标志汽车的宽度和高度,因此也相应地被称为"示宽灯"和"示高灯"。示廓灯灯光标志在夜间 300 m 以外可见。前示廓灯的灯光光色为白色,后示廓灯的灯光光色多为红色,灯泡功率为 8~10 W。

【任务实施】

活动准备

工、量具及辅助材料的准备

①工位准备:实训室一间、科鲁兹轿车一辆、举升机一台。

②工具准备:组合 150 件工具一套、汽车检测用万用表一块、放电计一个。

③防护用品及耗材准备:手套一双、护目镜一副、毛巾。

操作要求

①安装车轮挡块时要紧贴车轮,安装在两后轮,每个轮前后各一块。

②前格栅布和翼子板布有安装方向,不能装反。

③车辆应停靠在举升机中央。

操作程序

①安装车轮挡块。

②拉起驻车制动器,将换挡杆处于 P 挡。

③安装车内四件套。

④安装前格栅布和翼子板布。

作业标准

①前格栅布和翼子板布安装牢固。

②车轮挡块与车轮无间隙。

③工、量具摆放整齐。

活动　检查汽车照明系统

操作要求

①更换灯泡时手不能与灯泡的玻璃面接触，因为指纹印会影响灯泡使用寿命。

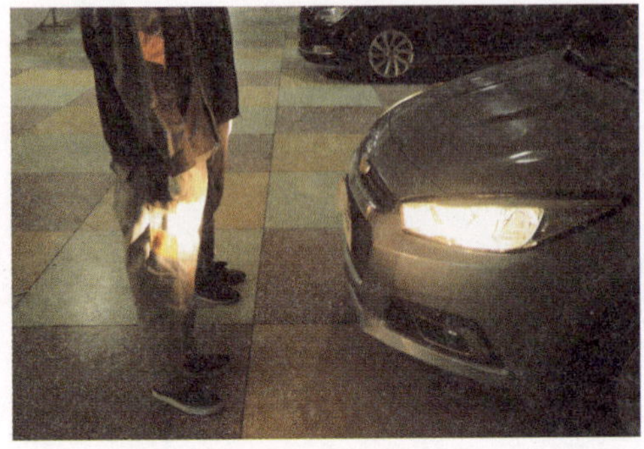

图 4-4-1

②选购灯泡时应仔细观察新灯泡与原灯泡的额定电压、功率是否一致，过大或者过小都会影响使用。

操作程序

（1）检查前照灯

①打开近光灯开关，检查近光灯是否点亮，如图 4-4-1 所示。

②打开远光灯开关，检查远光灯及远光指示灯是否点亮，如图 4-4-2 所示。

（a）

（b）

图 4-4-2

（2）检查雾灯

①打开前雾灯开关，检查前雾灯及前雾灯指示灯是否点亮，如图 4-4-3 所示。

②打开后雾灯开关，检查后雾灯及后雾灯指示灯是否点亮，如图 4-4-4 所示。

（3）检查转向信号灯

①打开左转向灯开关，检查左转向灯及转向指示灯是否点亮，如图 4-4-5 所示。

②打开右转向灯开关，检查右转向灯及转向指示灯是否点亮，如图 4-4-6 所示。

③打开转向灯开关，转动方向盘，检查转向灯开关自动复位功能是否正常。

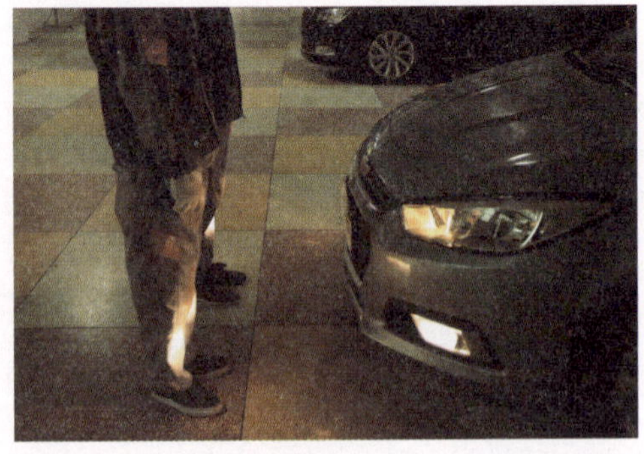

图 4-4-3

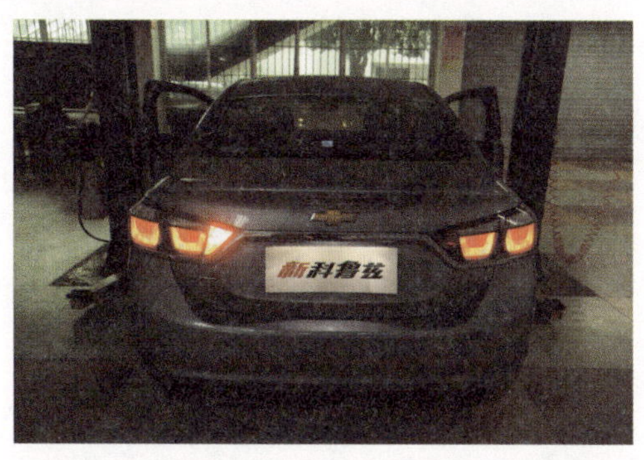

(a)

(b)

图 4-4-4

图 4-4-5

图 4-4-6

(4)检查危险警告灯

打开危险警告灯开关,检查危险警告灯及指示灯是否点亮,如图 4-4-7 所示。

(5)检查示位灯

检查示位灯工作是否正常,如图 4-4-8 所示。

图 4-4-7

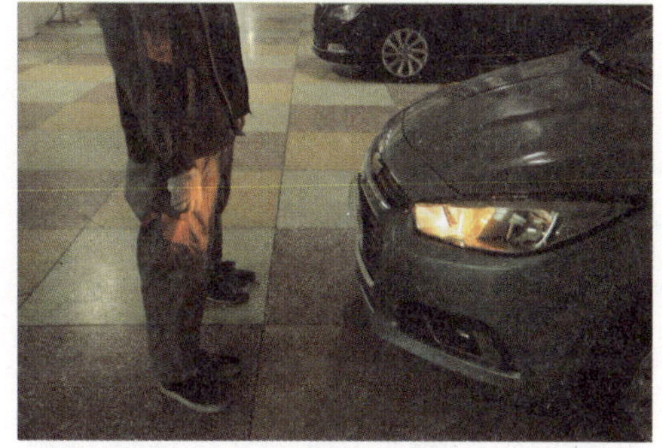

图 4-4-8

(6)检查倒车灯

将挡位挂入倒挡,检查倒车灯是否点亮,如图 4-4-9 所示。

(7)检查制动灯

①踩踏制动踏板,检查制动灯是否点亮,如图 4-4-10 所示。

②拉起驻车制动,检查驻车制动指示灯是否点亮,如图 4-4-11 所示。

图 4-4-9

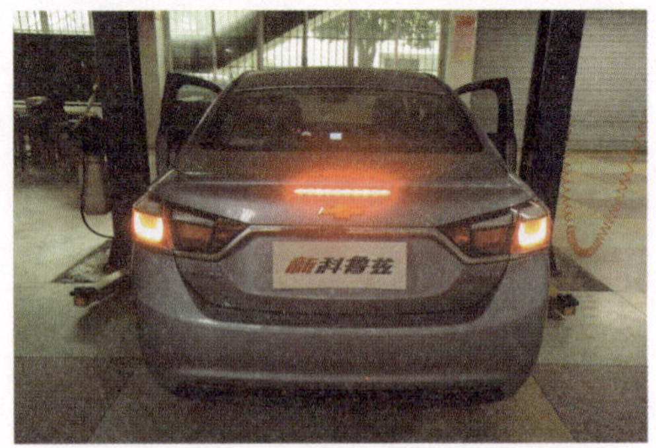

图 4-4-10

(8)检查牌照灯

检查牌照灯工作是否正常,如图 4-4-12 所示。

图 4-4-11

图 4-4-12

(9)检查灯光控制开关

检查灯光控制开关工作是否正常,如图 4-4-13 所示。

(10)检查车内照明灯

①打开车内照明灯开关,检查车内照明灯是否点亮,如图 4-4-14 所示。

图 4-4-13

图 4-4-14

②打开汽车后备厢盖,检查后备厢灯是否点亮,如图 4-4-15 所示。

图 4-4-15

作业标准

①会熟练使用相应的灯光控制开关。

②会熟练做出汽车灯光检查手势。

③能处理简单的灯光故障，会更换汽车灯泡。

活动后复位

操作要求

①回收一次性车内四件套，手套、毛巾等不可回收物品应放入指定地点。

②清洁车身应用干净的毛巾。

③工、量具应清洁干净并复原位。

操作程序

①拆卸前格栅布和翼子板布。

②拆卸车内四件套。

③拆卸车轮挡块。

④清洁车身。

⑤整理工、量具。

作业标准

①前格栅布和翼子板布拆卸后要摆放整齐。

②废物应分类放置。

/任务五/ 检查汽车雨刮系统

【任务目标】

知识目标

能描述更换雨刮片的重要性；

能说出检查汽车雨刮系统的方法。

技能目标

会正确使用科鲁兹的雨刮开关；

会熟练地往雨刮器水壶中添加玻璃水；

会按照正确步骤更换雨刮片；

会正确更换雨刮喷嘴。

【相关知识】

汽车雨刮系统是保障驾驶人员视线清晰,保障乘坐人员安全的重要装置。检查雨刮的方法很简单,喷出一些清洗液,然后开动雨刮,留意它的动作是否流畅,刮水是否干净,留心听听是否有较大的声音,如有的话,就表示雨刮过分压向玻璃,必须做出适当的调校或者是进行更换。雨刮在使用过程中橡胶条出现开裂、脱落等现象,要及时对其进行维修更换。

在检验雨刷器的工作情况时,应先用水将玻璃弄湿,否则会损伤玻璃,同时由于刮片摩擦阻力较大,可能损伤刮片或烧坏雨刷器电机。

【任务实施】

活动准备

工、量具及辅助材料的准备

①工位准备:实训室一间、科鲁兹轿车一辆、举升机一台。

②工具准备:组合 150 件工具一套、汽车检测用万用表一块、放电计一个。

③防护用品及耗材准备:手套一双、护目镜一副、毛巾一条。

操作要求

①安装车轮挡块时要紧贴车轮,安装在两后轮,每个轮前后各一块。

②前格栅布和翼子板布有安装方向,不能装反。

③车辆应停靠在举升机中央。

操作程序

①安装车轮挡块。

②拉起驻车制动器,将换挡杆处于 P 挡。

③安装车内四件套。

④安装前格栅布和翼子板布。

作业标准

①前格栅布和翼子板布安装牢固。

②车轮挡块与车轮无间隙。

③工、量具摆放整齐。

活动　检查汽车雨刮系统

操作要求

①挡风玻璃干燥时不得接通雨刷开关。

②更换雨刮片时应保证新旧雨刮片的尺寸一致。

③雨刷器的开关断开后，刮片应回到挡风玻璃下侧后才能停止。

④雨刷器电机多为永磁电机，电机的磁极采用陶瓷材料，受冲击易损坏。检修时一定注意不能让电机从高处坠落。

⑤冬季雨刷刮片结冰冻结或在雪中被雪团卡住时，不可强行接通雨刮器开关；应清除冰块、雪团后方可使用，以免烧毁雨刷器电机。

操作程序

①取下科鲁兹原车旧雨刮片，如图 4-5-1 所示。

②换上新雨刮片，如图 4-5-2 所示。

图 4-5-1

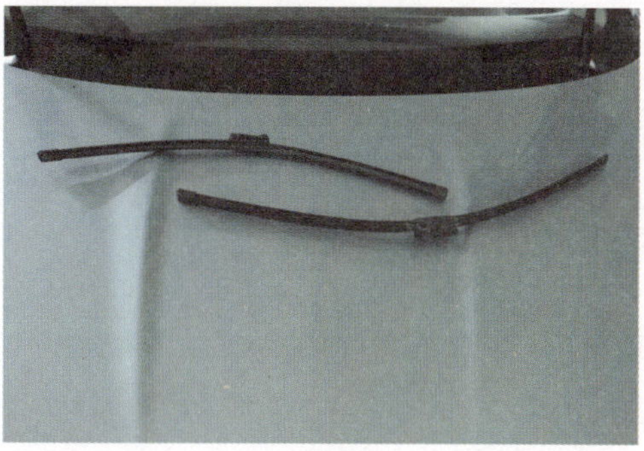

图 4-5-2

③使用雨刮控制开关，如图 4-5-3 所示。

④打开发动机盖，找到喷水壶位置，如图 4-5-4 所示。检查喷水壶水量，并根据情况添加玻璃水。

⑤在引擎盖上找到喷水嘴，对喷水嘴进行更换，如图 4-5-5 所示。

(a)

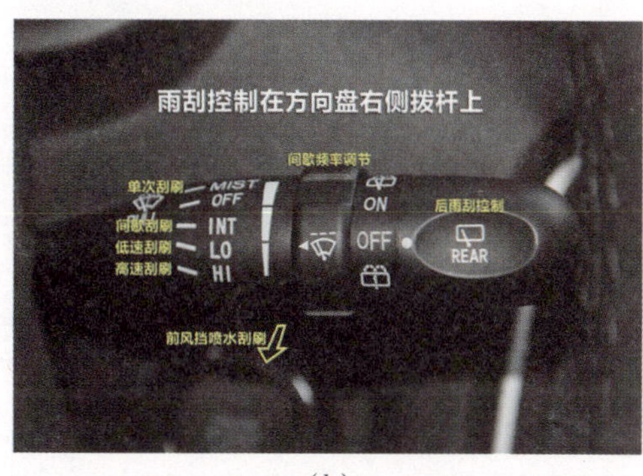

(b)

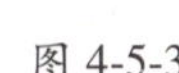

图 4-5-3

作业标准

①雨刮器工作时不能有异响。

②雨刮器工作后能将前挡风玻璃上的异物刮除干净。

③喷水嘴喷出的玻璃水均匀且到位，工作完成后雨刮片能准确回位。

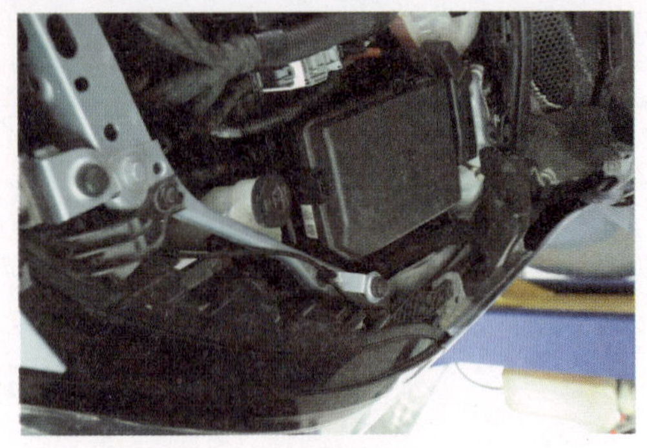

图 4-5-4

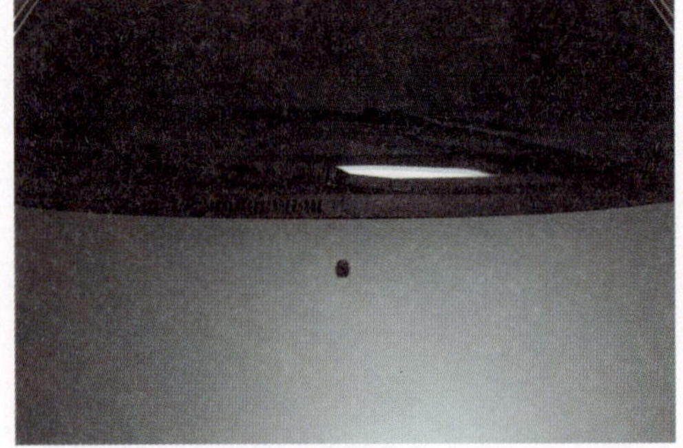

图 4-5-5

活动后复位

操作要求

①回收一次性车内四件套。手套、毛巾等不可回收物品应放入指定地点。

②清洁车身应用干净的毛巾。

③工、量具应清洁干净并放回原位。

操作程序

①拆卸前格栅布和翼子板布。

②拆卸车内四件套。

③拆卸车轮挡块。

④清洁车身。

⑤整理工、量具。

作业标准

①前格栅布和翼子板布拆卸后要摆放整齐。

②废物应分类放置。

项目五 | 汽车车身维护

汽车车身维护主要是对车身铰链进行检测和润滑、门锁的检测及润滑、玻璃升降器的检测及润滑，使驾驶人员及乘客能顺利地进出汽车及进行相应的车门、车窗的操作，以保证汽车的行驶安全性以及车上人员的安全性和乘坐舒适性。同时便于检测、维护和维修发动机舱及后储物舱的相应设备。

/任务一/ 车身铰链的润滑

【任务目标】

知识目标

能说出车身铰链润滑的重要性；

能识记汽车车身铰链的具体位置以及组成。

技能目标

会润滑汽车车身各个铰链；

会定期维护车身铰链。

【相关知识】

1.车身铰链的功能

车身铰链的功能是连接两个物体。车身铰链常见的连接方式有螺栓连接、焊接连接、“焊接+螺栓”连接。例如，车门螺栓连接就是车门间有安装孔，靠安装孔的螺栓螺母将车门铰链以及车身、车门连接起来；焊接连接就是车门间没有安装孔，靠焊接把车门铰链以及车身、车门件连接起来；“焊接+螺栓”连接就是车门铰链车身或者车门件有一个是靠螺栓连接到车身或者车门上，另外一个则是靠焊接车身或者车门件接起来的。

2.车身铰链的故障

在车身铰链长期使用后，可能造成开合引擎盖、车门、油箱盖、后备箱、车顶天窗有异响，关闭不严实等故障。因此为了保证汽车乘坐的舒适性,必须定期地对汽车车身铰链进行润滑。

【任务实施】

活动准备

工、量具及辅助材料的准备

①工位准备:实训室一间、科鲁兹轿车一辆、举升机一台。

②工具准备:组合 150 件工具一套、汽车检测用万用表一块、放电计一个。

③防护用品及耗材准备:四件套、手套一双、护目镜一副、毛巾一条。

操作要求

①安装车轮挡块时要紧贴车轮,安装在两后轮,每个轮前后各一块。

②前格栅布和翼子板布有安装方向,不能装反。

③车辆应停靠在举升机中央。

操作程序

①安装车轮挡块。

②拉起驻车制动器,将换挡杆处于 P 挡。

③安装车内四件套。

④安装前格栅布和翼子板布。

作业标准

①前格栅布和翼子板布安装牢固。

②车轮挡块与车轮无间隙。

③工、量具摆放整齐。

活动　润滑车身铰链

操作要求

吹尘枪的使用注意事项:

①操作前必须按照操作说明书安装使用。

②吹尘枪需接上压缩机使用。

③保持吹尘枪的干净,无油污和积灰。

④定期对吹尘枪进行清洁,防止大量其他物体积淀在吹尘枪的零部件上面,清洁时,应切断电源。

⑤不能在含有易燃性气体和大量粉尘的环境中使用。

⑥非专业人员不能擅自进行修理。

操作程序

①润滑发动机机舱盖铰链，如图 5-1-1 所示。

②润滑汽车车门铰链（左/右 4 个），如图 5-1-2 所示。

③维护天窗密封条和轨道，如图 5-1-3 所示。

④润滑油箱盖铰链，如图 5-1-4 所示。

⑤润滑后备箱盖铰链，如图 5-1-5 所示。

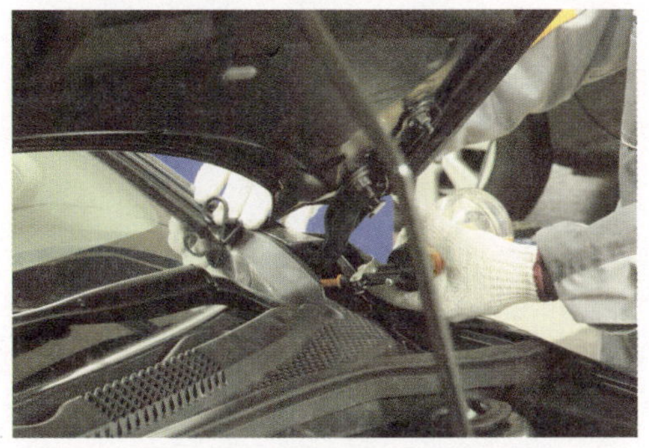

图 5-1-1

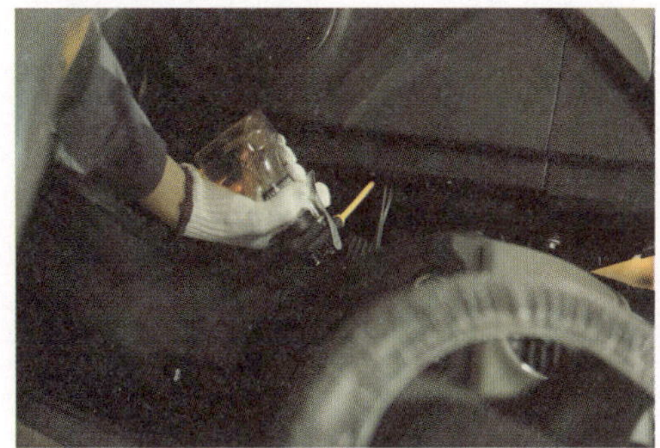

图 5-1-2

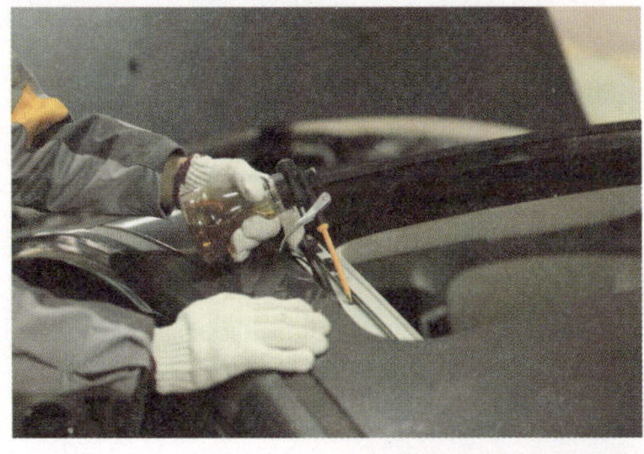

图 5-1-3

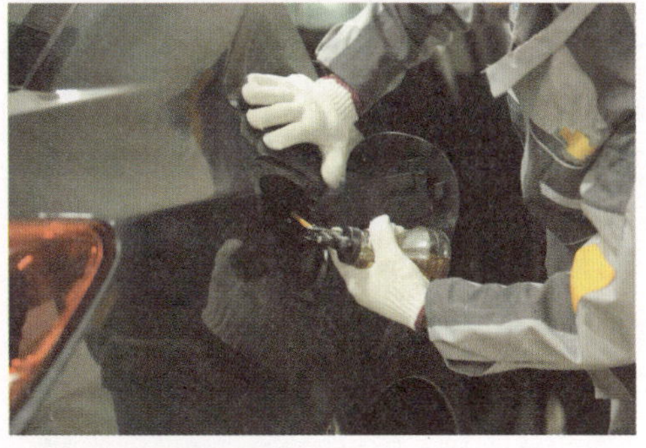

图 5-1-4

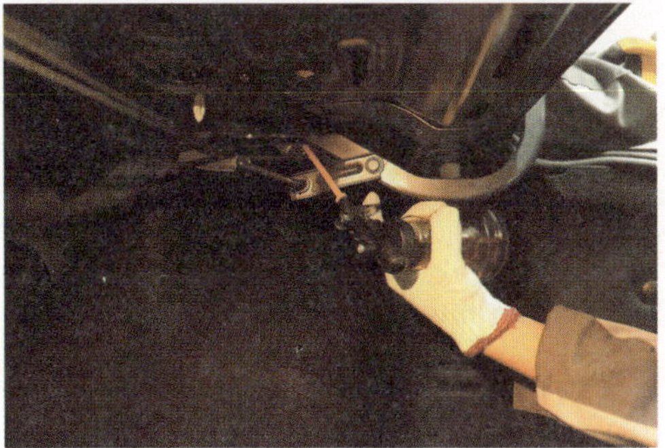

图 5-1-5

活动后复位

操作要求

①回收一次性车内四件套,手套、毛巾等不可回收物品应放入指定地点。

②清洁车身应用干净的毛巾。

③工、量具应清洁干净并放回原位。

操作程序

①拆卸前格栅布和翼子板布。

②拆卸车内四件套。

③拆卸车轮挡块。

④清洁车身。

⑤整理工、量具。

作业标准

①前格栅布和翼子板布拆卸后要摆放整齐。

②废物应分类放置。

/任务二/ 检查车内中控门锁

【任务目标】

知识目标

能描述汽车门锁的功能;

能说明汽车门锁的组成。

技能目标

会检查汽车门锁;

会润滑车身门锁。

【相关知识】

车内中控锁是指设在驾驶座旁边的开关,是可以同时控制全车车门关闭与开启的一种控制装置。这种"中央门锁"控制装置,早在20世纪70年代已经装配在轿车上,目前已经普遍使用。车内中控锁开关一般安装在车门或者中控台上。

目前汽车上装用的中控锁种类很多,但其基本组成主要有中控锁开关、中控锁执行机构。

1.中控锁开关

大多数中控锁的开关都是由总开关和分开关组成，总开关装在驾驶员侧的车门上，驾驶员操作总开关可将全车所有车门锁住或打开；分开关装在其他各个车门上，可单独控制一个车门。

2.中控锁执行机构

中控锁执行机构是用于执行驾驶员的指令，将门锁锁止或开启。门锁执行机构有电磁式、直流电动机式和永磁电动机式 3 种驱动方式，其结构都是通过改变极性转换其运动方向而执行锁门或开门动作的。

在汽车门锁的长期使用过程中，可能出现车门关闭不严实、车门无法打开、儿童锁损坏等故障。因此为了保证汽车的安全性，必须定期对汽车门锁进行检查。

【任务实施】

活动准备

工、量具及辅助材料的准备

①工位准备：实训室一间、科鲁兹轿车一辆、举升机一台。

②工具准备：组合 150 件工具一套、汽车检测用万用表一块、放电计一个。

③防护用品及耗材准备：四件套、手套一双、护目镜一副、毛巾。

操作要求

①安装车轮挡块时要紧贴车轮，安装在两后轮，每个轮前后各一块。

②前格栅布和翼子板布有安装方向，不能装反。

③车辆应停靠在举升机中央。

操作程序

①安装车轮挡块。

②拉起驻车制动器，将换挡杆处于 P 挡。

③安装车内四件套。

④安装前格栅布和翼子板布。

作业标准

①前格栅布和翼子板布安装牢固。

②车轮挡块与车轮无间隙。

③工、量具摆放整齐。

活动　检查车内中控门锁

操作要求

使用吹尘枪的操作规范。

操作程序

①检查汽车遥控钥匙,如图 5-2-1 所示。打开遥控锁,检查每个车门的开启情况;关闭遥控锁,检查每个车门的关闭情况。

②检查中控门锁,如图 5-2-2 所示。

③检查其他三个车门门锁,如图 5-2-3 所示。

④检查行李箱锁,如图 5-2-4 所示。

图 5-2-1

图 5-2-2

图 5-2-3

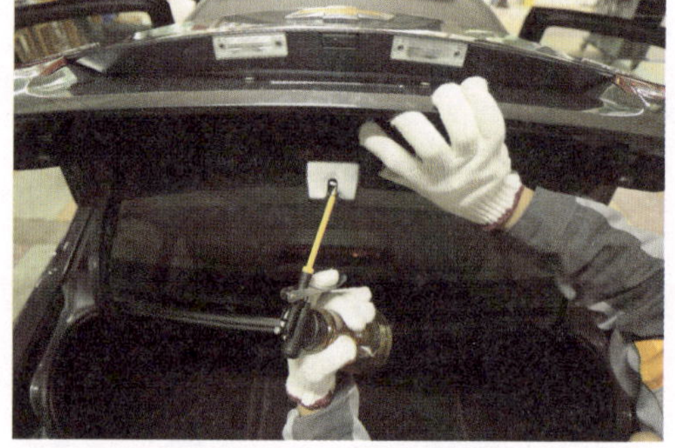

图 5-2-4

活动后复位

操作要求

①回收一次性车内四件套,手套、毛巾等不可回收物品应放入指定地点。

②清洁车身应用干净的毛巾。

③工、量具应清洁干净并放回原位。

操作程序

①拆卸前格栅布和翼子板布。

②拆卸车内四件套。

③拆卸车轮挡块。

④清洁车身。

⑤整理工、量具。

作业标准

①前格栅布和翼子板布拆卸后要摆放整齐。

②废物应分类放置。

/ 任务三 /　检查玻璃升降器

【任务目标】

知识目标

能说出汽车玻璃升降器的功能；

能识记汽车玻璃升降器的具体位置以及组成。

技能目标

会熟练对玻璃升降器的零部件进行检查；

会按照正确步骤对玻璃升降器进行维护。

【相关知识】

1.玻璃升降器的结构

轿车用的电动玻璃升降器多由电动机、减速器、导绳、导向板、玻璃安装托架等组成。驾车者通过总开关控制全部门窗玻璃的开闭，而各车门内把手上的分开关由乘员分别控制各个门窗玻璃的开闭，操作十分便利。

2.玻璃升降器的类型

玻璃升降器是汽车门窗玻璃的升降装置，主要分电动玻璃升降器和手动玻璃升降器两大类。现在许多轿车门窗玻璃的升降都采用按钮式的电动玻璃升降方式。

汽车车窗玻璃升降器从结构上划分，可分为臂式玻璃升降器和柔式玻璃升降器。其中臂式玻璃升降器包括单臂式玻璃升降器和双臂式玻璃升降器；柔式玻璃升降器包括绳轮式玻璃升降器、带式玻璃升降器和软轴式玻璃升降器。

3.玻璃升降器的故障

汽车玻璃升降器在长期使用中，可能出现电动开关车窗动作不顺畅、玻璃完全不能动作等故障。因此为了保证汽车玻璃正常升降，必须定期对汽车玻璃升降器进行检查。

车窗玻璃的污损不仅会影响外观，还会影响视野，过分脏污更影响电动开关车窗的动作。为了防止雨水流入车内,窗框上端附有橡胶带,这也是与玻璃经常接触的地方。玻璃污损后与橡胶带的摩擦增大,开关也会受到影响,因此玻璃必须经常保持干净。

【任务实施】

活动准备

工、量具及辅助材料的准备

①工位准备:实训室一间、科鲁兹轿车一辆、举升机一台。

②工具准备:组合 150 件工具一套、汽车检测用万用表一块、放电计一个。

③防护用品及耗材准备:四件套、手套一双、护目镜一副、毛巾。

操作要求

①安装车轮挡块时要紧贴车轮,安装在两后轮,每个轮前后各一块。

②前格栅布和翼子板布有安装方向,不能装反。

③车辆应停靠在举升机中央。

操作程序

①安装车轮挡块。

②拉起驻车制动器,将换挡杆处于 P 挡。

③安装车内四件套。

④安装前格栅布和翼子板布。

作业标准

①前格栅布和翼子板布安装牢固。

②车轮挡块与车轮无间隙。

③工、量具摆放整齐。

活动　检查玻璃升降器

操作要求

检查时一定要仔细。

操作程序

①汽车钥匙处于连接挡,如图 5-3-1 所示。

②检查电动车窗主控开关,如图 5-3-2 所示。

③检查副驾驶车窗开关,如图 5-3-3 所示。

④检查后排车窗开关,如图 5-3-4 所示。

图 5-3-1

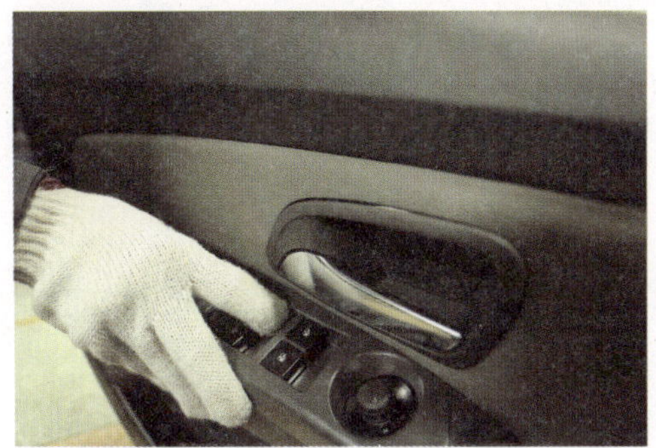
图 5-3-2

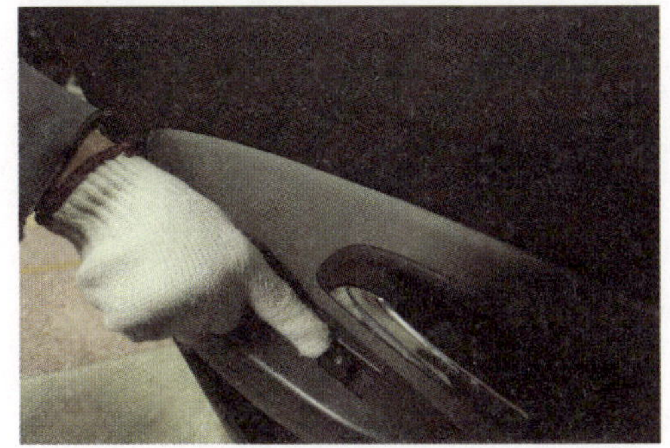
图 5-3-3

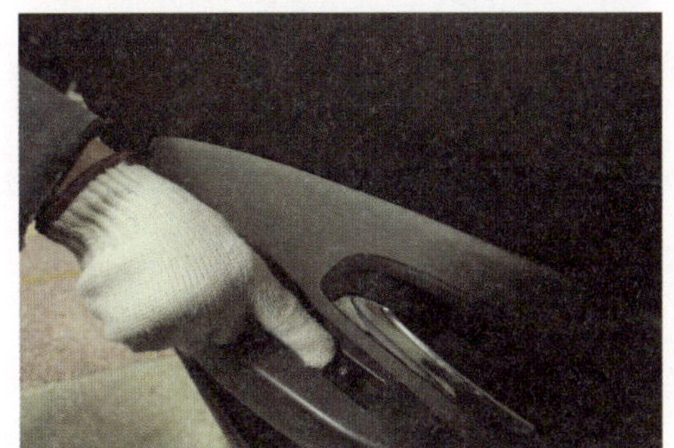
图 5-3-4

活动后复位

操作要求

①回收一次性车内四件套,手套、毛巾等不可回收物品应放入指定地点。

②清洁车身应用干净的毛巾。

③工、量具应清洁干净并放回原位。

操作程序

①拆卸前格栅布和翼子板布。

②拆卸车内四件套。

③拆卸车轮挡块。

④清洁车身。

⑤整理工、量具。

作业标准

①前格栅布和翼子板布拆卸后要摆放整齐。

②废物应分类放置。